Bibliografische Information der Deutschen Nationalbibliothek:

Die Deutsche Nationalbibliothek verzeichnet diese Publikation in der Deutschen Nationalbibliografie; detaillierte bibliografische Daten sind im Internet über http://dnb.d-nb.de abrufbar.

Impressum:

Copyright © 2016 Studylab

Ein Imprint der GRIN Verlag, Open Publishing GmbH

Druck und Bindung: Books on Demand GmbH, Norderstedt, Germany

Coverbild: ei8htz

Georg Hädicke

Von der Kita zum Familien-zentrum

Ein Bildungsmanagementprozess

2015

Inhaltsverzeichnis

Inhaltsverzeichnis 4
1. Abbildungsverzeichnis 6
2. Einleitung 7
3. Bildungsmanagement 10
   3.1 Begriffsverständnis – Definition 10
   3.2 Bildungsmanagement im Spannungsfeld zwischen Bildungs- und Managementansätzen 12
   3.3 Ein integrierter Management-Ansatz – Das St. Galler Management-Modell (SGMM) 13
4. Aktuelle Trends – Warum sich Kitas zum Familienzentrum entwickeln? 17
   4.1 Bedeutung des Bildungsortes „Familie" 17
   4.2 Aktuelle Trends – Lebenslagen von Familien heute 18
   4.3 Von der Kita zum Familienzentrum - Familienzentren in Deutschland 22
5. Den Prozess der Weiterentwicklung steuern - Bildungsmanagement als Führungsaufgabe 25
   5.1 Change-Management – Steuerung von Veränderungsprozessen 25
      5.1.1 Planung 27
      5.1.2 Durchführung 28
      5.1.3 Evaluation/Transfererfolg 33
   5.2 Ansprüche an Management und Führung 36
6. Betriebliches Bildungsmanagement - Lernen im Familienzentrum – 40
   6.1 Normatives, strategisches und operatives Bildungsmanagement - Human-Ressource-Management 41
   6.2 Personalentwicklung 44
   6.3 Organisationsentwicklung 46
7. Kompetenzentwicklung und Reflexivität im Lernort „Familienzentrum" 48
   7.1 (Berufliche) Handlungskompetenz 48
   7.2 Reflexive Handlungskompetenz 49

8.	Lernen im Prozess – Von der Kita zum Familienzentrum / didaktische Überlegungen	51
	8.1 Neue Wege des Lernens in der Arbeit	51
	8.2 Arbeitsbezogene Lernmodelle	52
	8.3 Überblick über verbindende Lernformen	53
	8.4 Geeignete Lernformen	55
	8.4.1 Individuelles Lernen	55
	8.4.2 Angeleitetes Lernen	56
	8.4.3 Kooperatives Lernen	56
9.	**Fazit und Ausblick**	**58**
10.	**Literaturverzeichnis**	**61**

1. Abbildungsverzeichnis

Abbildung 1: Bildungsmanagement nach dem St. Galler Management-Modell (Seufert, 2013, S. 23) 14

Abbildung 2: Vier-Ebenen-Modell nach Kirkpatrik (Dehnbostel, 2014, S. 19; Stender, 2009, S. 441; Müller & Soland, 2009, S. 272) 36

Abbildung 3: Verlauf eines Veränderungsprozesses nach Streich (1997) (nach Ebner & Lang-von Wings, 2009, S. 383) 38

Abbildung 4: Arbeitsbezogene Lernformen nach dem Verhältnis zum Arbeitsort (Dehnbostel, 2008, S. 63; ebd., 2007, S. 45; ebd., 2014, S. 30) 52

Abbildung 5: Neun-Felder-Tafel zur Systematisierung betrieblicher Lernformen (Reuther, 2007, S. 124) 54

2. Einleitung

Immer häufiger entwickeln Kitas sich deutschlandweit zu Zentren für Familien und öffnen sich in den Sozialraum. Häufig sind diese Einrichtungen gut vernetzte Knotenpunkte für alle Menschen im Stadtteil, die ein vielfältiges Unterstützungsspektrum an Bildungs- und Beratungsangeboten und Hilfen für Familien offerieren. Diese Entwicklungstendenzen entstanden als Konsequenz einer sich immer weiter verändernden Gesellschaft. Die Familie als wichtigster Lebens- und Bildungsort für Kinder, in der wertvolle Prozesse der Persönlichkeitsentwicklung und des Kompetenzerwerbs stattfinden, steht dabei im Fokus dieser Betrachtung. Dies führte dazu, dass in herkömmlichen Kindertageseinrichtungen die einstige Kind-Orientierung der pädagogischen Ausrichtung erweitert und verstärkt die gesamte Familie in den Blick genommen wird (vgl. Eggers, 2014, S. 175).

Ferner sind die Rahmenbedingungen für das familiäre Zusammenleben heute komplexer geworden. Familien werden immer mehr mit hohen oder kaum zu bewältigenden Anforderungen an die Gestaltung ihres Alltags konfrontiert. Zu diesen Herausforderungen gehören u.a. die Zunahme von vielfältigen Lebens- und Familienformen, die Erosion konventioneller Familienmodelle, Entgrenzung der Erwerbsbedingungen, Vereinbarkeit von Familie und Beruf, Armut, Multikulturalität und Diversität (vgl. Jurczyk et al., 2014, S.11; Rietmann, 2008, S. 10 ff.). Diesen Anforderungen kann nur bedingt in einer herkömmlichen Kindereinrichtung entsprochen werden. Um der gesellschaftlichen Bedeutung dieser Thematik Rechnung zu tragen und Familie als Ganzes in den Mittelpunkt zu stellen, ist die Entwicklung von Kitas zu Familienzentren notwendig.

In diesem Zukunftsmodell avanciert eine dialogische Kompetenzpartnerschaft zwischen Eltern und pädagogischen Fachkräften zunehmend zu einer Hauptaufgabe pädagogischer Fachkräfte. Danach werden Eltern mit ihren Kompetenzen wahrgenommen, respektiert und eingebunden. Dieses Verständnis setzt eine offene und reflektierte Haltung gegenüber Familien und eine Beziehung auf Augenhöhe voraus. Für pädagogische Fachkräfte und die gesamte Organisation bedeutet dies, dass sie sich mit der Erweiterung ihres Berufsprofils und mit der Veränderung des Aufgabenspektrums auseinandersetzen müssen (vgl. Eggers, 2014, S. 175).

Derartige Veränderungsprozesse erfordern vielfältige Gestaltungs-, Koordinierungs- und Managementaufgaben. Somit wird in dieser Arbeit der Versuch unternommen diese multiplen Anforderungen durch ein umfassendes Bildungsmanagement zu untersetzen. Dieses versteht sich hier als komplexe Strategie zur Planung, Steuerung und Evaluierung von Lernprozessen die in Organisationen stattfinden oder von diesen veranlasst und verantwortet werden (vgl. Marburger & Griese, 2011, S. 5). Im Verlauf dieser Arbeit wird die aus der Themenstellung resultierende Forschungsfrage: „Welchen Beitrag/Unterstützung kann ein Bildungsmanagementprozess für die Entwicklung einer Kita hin zum Familienzentrum leisten?" durch eine theoretische Exploration, bestehend aus verschiedensten Theorien, Modellen, Texten und Dokumenten beantwortet. Somit wird der gesamte Bildungsmanagementprozess als komplexe Strategie aus verschiedenen Perspektiven beleuchtet und es werden Gestaltungswege des Lernens aufgezeigt. In einem Familienzentrum verstehen sich alle Beteiligten als Lernende. Aus diesem Grund gehören Führungskräfte, Pädagogen und Teams von Kitas zu den Hauptzielgruppen dieser Untersuchung, da sie Bildungsprozesse, Beratungsangebote und Hilfen für Familien gestalten und verantworten. Zudem werden Familien als Rezipienten und Hauptnutzer der Angebote nachgeordnet als Zielgruppe des Bildungsmanagementprozesses definiert. In diesem Sinne nimmt diese Arbeit aktuelle bildungs- und familienpolitische Diskurse auf und versucht herauszufinden, wie und mit welchen Unterstützungsmöglichkeiten ein Bildungsmanagement derartige Veränderungsprozesse begleiten kann.

Im **Kapitel 3** soll der Versuch unternommen werden, den Begriff „Bildungsmanagement" zu definieren und zu beschreiben. In diesem Kapitel wird zudem das oben erwähnte Spannungsfeld zwischen den Bildungs- und Managementansätzen genauer beleuchtet und differenziert. Bildungsmanagement wird hier als komplexe Managementaufgabe betrachtet. Als ein „Integrierter" Ansatz stellt das St. Galler Management-Modell, welches hier zur Beantwortung der Forschungsfrage herangezogen wird „[...] einen Rahmen zur Verfügung, in dem wichtige Zusammenhänge zwischen den einzelnen Modellelementen deutlich werden und anhand dessen sich konkrete Gestaltungsaufgaben definieren lassen" (Seufert, 2013, S. 35).

Im darauf folgenden **Kapitel 4** werden aktuelle gesellschaftliche Trends aufgezeigt, die letztendlich zur Beantwortung der Frage, „Warum es für Kita´s Sinn macht sich zu einem Familienzentrum weiter zu entwickeln?" beitragen sollen. Das Verhältnis zwischen Familie, Beruf und Kita wird hier ebenso beleuchtet, wie das Gesamtkonstrukt, „Das Familienzentrum als lernende Organisation".

Um den eben geschilderten Weiterentwicklungsprozess entsprechend steuern zu können, wird im **Kapitel 5** auf das Bildungsmanagement als Führungsaufgabe eingegangen. Der zugrunde liegende Veränderungsprozess, hier auch als Change-Management bezeichnet, wird aus Leitungssicht einer Einrichtung, die sich auf den Weg zum Familienzentrum gemacht hat, auf den Ebenen Planung, Durchführung und Evaluation skizziert. Weiterhin werden die Ansprüche an Management und Führung in diesem Prozessverlauf thematisiert.

Das **Kapitel 6** thematisiert das betriebliche Bildungsmanagement. Dieses umfasst grundsätzlich die Gesamtheit aller auf Individuen, Gruppen und Organisationen bezogenen Lernprozesse im Betrieb. (vgl. Dehnbostel, 2010) Gegliedert wird dieser Begriff in ein normatives, strategisches und operatives Bildungsmanagement. Auf einer strukturellen Ebene wird die Gliederung des Begriffes durch eine kontinuierliche Personal- und Organisationsentwicklung ergänzt.

Im **Kapitel 7** geht es nicht nur einseitig um die Vermittlung von fachwissenschaftlich und formell organisierbaren Qualifikationsinhalten, vielmehr geht es um ganzheitliche, auf die Lernenden bezogene Kompetenzen, für deren lebensbegleitenden Erwerb das Lernen in der Arbeits- und Lebenswelt unerlässlich ist. Hier werden die für das betriebliche Bildungsmanagement wegweisenden Begriffe der Kompetenz und Reflexivität angesprochen und präzisiert, indem die beiden Konzepte der „beruflichen Handlungskompetenz" und der „reflexiven Handlungsfähigkeit" in den Fokus gestellt werden. (vgl. Dehnbostel, 2014)

Kapitel 8 setzt einen Schwerpunkt auf das Lernen im Prozess. Der Bildungsmanagementprozess zum Familienzentrum wird hier insbesondere durch unterschiedliche Formen des arbeitsbezogenen Lernens gestützt. Hier geht es zudem um die gezielte Erschließung des Arbeitsfeldes als Lernort, bis hin zu einem Überblick neuer Lernkonzepte und –formen, die das Lernen in der Arbeit unterstützen.

Finalisiert wird die Arbeit durch ein Fazit im **Kapitel 9**.

3. Bildungsmanagement

3.1 Begriffsverständnis – Definition

Bildungsarbeit ist heute aufgrund sich dynamisch entwickelnder gesellschaftlicher Veränderungen, einem permanenten oft tiefgreifenden und schnelllebigen Wandel unterworfen. Menschen sind permanent in vielfältige technische, soziale und wirtschaftliche Kontexte eingebunden und vernetzt. Dadurch handeln sie in immer komplexeren Zusammenhängen (vgl. Müller, 2009, S. 70). Diese Entwicklungen haben Auswirkungen auf die Bildungsarbeit von Bildungsorganisationen[1], die demnach angehalten sind, auf die fortlaufenden gesellschaftlichen Anforderungen zu reagieren. Einerseits versuchen sie Lernende auf Veränderungen, wie beispielsweise neue Technologien, Verfahrensweisen vorzubereiten. Desgleichen versuchen diese Organisationen Menschen bei der Bewältigung gestiegener An- und Herausforderungen in vielen Bereichen des Berufs- und Alltagslebens und beim Aneignen von Kompetenzen zu unterstützen. Andererseits geraten Bildungsorganisationen heute selbst immer mehr in Situationen des Konkurrenzdrucks und sind bestrebt ihre eigene Existenz zu sichern (vgl. Decker, 2000, S. 19).

Der aufgrund dieser Auseinandersetzungen stetig wachsende Bildungsmarkt, auf dem teils wettbewerbsorientiere Angebote privater und öffentlicher Anbieter sich immer wieder neu zu platzieren versuchen, lässt Bildung in diesem Kontext als Ware erscheinen. Damit wird Bildung, so *Seufert* (2013) zu einem Produkt, welches „[…] auf Kundenbedürfnisse hin ausgerichtet, budgetiert, organisiert ist und mit Hilfe von Marketingkonzepten […] auf dem Bildungsmarkt möglichst vorteilhaft gegenüber der Konkurrenz positioniert werden soll" (S. 2). Hier wird deutlich, dass Bildungsorganisationen ihre Ziele heute nicht mit herkömmlichen Lehr- bzw. Lernansätzen und Führungstechniken erreichen können. Vielmehr bedarf es eines umfassenden Managements, welches in der Lage ist, die komplexen pädagogischen und dispositiven Prozesse bzw. Anforderungen in einer Bildungsorganisation zu betrachten. Zusammengeführt wird dieser Anspruch in dem Begriff des Bildungsmanagements. Als ein noch relativ junges Themenfeld bezeichnet es die zielgerichtete „[…] Steuerung, Gestaltung und Entwicklung

---

[1] Unter Bildungsorganisation werden Bildungseinrichtungen wie Hochschulen, Einrichtungen der Erwachsenenbildung, Kindertagesstätten und u.a. verstanden. Zudem wird in der vorliegenden Arbeit aufgrund der Themenstellung nur von Bildungsorganisationen und nicht von Bildungsabteilung etc. gesprochen.

von sozio-technischen Systemen[2], die dem Zweck der Bildung von Menschen dienen […]" (Müller, 2009, S. 76).

Um Bildungsmanagement nun wissenschaftlich richtig einordnen zu können sind zwei Definitionsansätze erforderlich. Zum einen ist Bildungsmanagement, als komplexe und proaktive Strategie zur Planung, Steuerung und Evaluierung von Lehr/Lernprozessen die in Organisationen stattfinden oder von diesen veranlasst und verantwortet werden, zu verstehen (vgl. Marburger & Griese, 2011, S. 5). Dadurch ergänzen und durchdringen letztendlichen Managementgrundsätze und -instrumente immer stärker Lehr-/Lernprozesse (vgl. Decker, 2000, S. 12). Zum Anderen lässt sich Bildungsmanagement pädagogisch als zentrale Entwicklungsaufgabe in Bildungsorganisationen kennzeichnen, letztendlich mit dem Ziel Bildungsdienstleistungen anspruchsgruppengerecht anzubieten und unter dem Anspruch des lebenslangen Lernens kontinuierlich weiter zu entwickeln (vgl. Seufert, 2013, S. 2). Auch hier wird deutlich, dass der Begriff des Bildungsmanagements versucht die Diskrepanz zwischen betriebswirtschaftlichen Kosten-Nutzen-Analysen und pädagogischem Bedarfs- und Bildungsverständnis aufzugreifen (siehe Kap. 3.2). Damit kann Bildungsmanagement als Teilgebiet der Wirtschaftspädagogik betrachtet werden, da es Führungstätigkeiten einschließt, die sich auf vielfältige, institutionelle Bildungsorganisationen wie beispielsweise Kindergärten, Familienzentren, Schulen, Hochschulen, Erwachsenenbildungseinrichtungen und betriebliche Weiterbildung übertragen lassen (vgl. Scufert, 2013, S.4). Ein kooperatives Bildungsmanagement kann zwischen diesen einzelnen Bildungsinstitutionen Austauschbeziehungen in Form von Netzwerken und Kompetenzzentren entstehen lassen.

Der Bildungsmanagementbegriff lässt sich zudem in die zwei Handlungsebenen, Bildungsprozessmanagement und Bildungsbetriebsmanagement unterteilen (vgl. Müller, 2009, S. 82 ff.). Ein Bildungsprozessmanagement beinhaltet die didaktische Steuerung hinsichtlich Planung, Durchführung und Evaluation von (Weiter)-Entwicklungsprozessen. Damit weist dieser Begriff große Ähnlichkeit zum, im Titel dieser Arbeit erwähnten, Bildungsmanagementprozess auf. Der Bildungsmanagementprozess betrachtet das gesamte Bildungsmanagement als einen integrativen Prozess, bei dem pädagogisch-didaktische mit betriebswirtschaftlichen und Führungsaufgaben verbunden werden (vgl. Decker, 2000,

---

2 Unter soziotechnischen Systemen oder Organisationen sind hier nicht nur (private) Unternehmen sondern sämtliche „Praxis-Gemeinschaften" (vgl. Rüegg-Stürm & Grand, 2014, S. 21) eingeschlossen, dazu gehören auch öffentliche (Bildungs-) Institutionen, wie Kindergärten, Familienzentren, Schulen, Verwaltungen und Vereine.

S. 32) (siehe Kap. 5). Der Unterschied liegt allerdings im Detail. Während im Bildungsprozessmanagement vorwiegend die Lernenden selbst im Zentrum der Betrachtung stehen, wird dieser Blick im zweitgenannten Begriff erweitert. Das Bildungsbetriebsmanagement befasst sich aus diesem Grund vorwiegend mit der normativen, strategischen und operativen Ausrichtung der Bildungsorganisation mit ihren Lehr- und Lernprozessen. Darunter sind auch dispositive und Managementaufgaben im Bereich der Personal- und Organisationsentwicklung zu verstehen (siehe Kap. 6).

3.2 Bildungsmanagement im Spannungsfeld zwischen Bildungs- und Managementansätzen

Bildungsmanagement verbindet die beiden Teilbegriffe „Bildung" und „Management" miteinander. Die Gefahr dieser begrifflichen Fusion besteht darin Management mit einer Fremdbestimmung gleichzusetzen, die zusätzlich durch wirtschaftliche Interessen unterwandert wird. Mit der Zusammenführung dieser Begriffe wird zudem impliziert, dass sich Bildung managen lässt (vgl. Dehnbostel, 2014, S. 17). Dies widerspricht dem in der europäischen Aufklärung konstituierten Bildungsbegriff, der von einem Subjekt ausgeht, welches sich autonom, selbstbestimmt und kritisch Wissen aneignet. Das moderne Bildungsverständnis postuliert zudem das Aneignen von Kompetenzen statt trägem Wissen. Demnach ist „Wissen [...] wichtig, aber alleine reicht es nicht, um eine Aufgabe kompetent zu bewältigen" (Seufert, 2013, S. 8). Unter dem Begriff „Learning Outcome" wird zudem auf die Erwartung hinsichtlich eines Bildungsprozesses hingewiesen. Damit geht es heute vornehmlich beim Kompetenzerwerb um Wirkungsresultate, die durch Lehr- und Lernprozesse erzielt werden sollen. Am Ende kann nur dann von guter Bildung gesprochen werden, „[...] wenn die erworbenen Kompetenzen eine normative gewünschte Qualität [...]" aufweisen (Euler & Hahn, 2007, S. 84 zitiert vgl. Seufert, 2013, S. 9).

Der Managementbegriff kommt hingegen aus der Betriebswirtschaftslehre. „Management ist die Leitung soziotechnischer Organisationen, die sich professionellen Methoden bedient und ein System von Aufgaben umfasst, welche sich als Gestalten, Lenken und Weiterentwickeln zusammenfassen lassen." (Ulrich 1984 zitiert nach Litke, 2007, S. 20). Management ist zudem als ein Prozess zu verstehen, der aus den Phasen: Planung, Durchführung und Evaluation besteht. Als Führungsaufgabe gibt Management bewusst Entwicklungsimpulse und verantwortet in personen- und sachbezogener Hinsicht eine Zielerfüllungsstrategie. Zudem werden nach heutigem Verständnis Managementaufgaben auf allen hierarchischen Ebenen notwendig. So ist nicht mehr nur die Leitung, sondern es sind alle Mitarbeiter angehalten unternehmerisch zu denken und mitzuwirken (vgl. Seufert, 2013, S. 12).

Die Ausbalancierung von ökonomischen Zielen der Wirtschaftlichkeit und einem pädagogisch bildungsbezogen Verständnis bildet nun das Spannungsfeld in dem sich Bildungsmanagement befindet (vgl. Seufert, 2013, S. 5). Eine Harmonisierung dieser beiden aneinandergefügten Begriffe kann nur gelingen, wenn das Management von Bildung im Zusammenhang von Dienstleistung betrachtet wird. Als Dienstleistungen werden in diesem Fall vorwiegend Unterstützungsangebote und Hilfestellungen bei Bildungsprozessen bezeichnet, die durch eine hohe Mitwirkung der Lernenden charakterisiert sind (vgl. Müller, 2009, S. 76). Diese Argumentation öffnet gerade Bildungseinrichtungen wie den in dieser Arbeit thematisierten Familienzentren, deren Handeln sich hauptsächlich auf soziale Bildungs- und Unterstützungsangebote bezieht, nicht unerhebliche Handlungs- und Gestaltungsspielräume. Letztendlich greift „[…] ein reflexives Bildungsmanagement [dieses] Spannungsfeld zwischen Pädagogik und Ökonomie bewusst auf, um adäquate [proaktive] Gestaltungslösungen innerhalb gegebener Grenzen zu entwickeln" (Seufert, 2013, S. 5).

3.3 Ein integrierter Management-Ansatz – Das St. Galler Management-Modell (SGMM)

Die bisherigen Ausführungen zum Bildungsmanagement, die letztendlich in einer reflexiven Gestaltungspraxis münden, werden in dem St. Galler Management-Modell (SGMM) integriert. Dieses Modell wurde in den 60er Jahren von Hans Ulrich an der Universität in St. Gallen entwickelt. Bis heute wurde das Modell u.a. durch Knut Bleicher und Johannes Rüegg-Stürm unter Einbezug neuer Erkenntnisse weiterentwickelt. Mittlerweile ist schon das SGMM der 4. Generation entwickelt worden (Rüegg-Stürm & Grand, 2014).

Das SGMM vermittelt Führungskräften einen differenzierten Überblick über die Organisation als komplexes System. Zudem weist es auch auf wesentliche Probleme, Wirkungszusammenhänge und Interdependenzen hin, mit dem Ziel Orientierung für das komplexe System einer Organisationen zu schaffen. Das Modell stellt damit „[...] einen Rahmen zur Verfügung, in dem wichtige Zusammenhänge zwischen den einzelnen Modellelementen deutlich werden und anhand dessen sich konkrete Gestaltungsaufgaben definieren lassen" (Seufert, 2013, S. 35). Führungskräfte können nach diesem Modell u.a. ihre Entscheidungsfindung präziser reflektieren und strategische Vorhaben für die Unternehmensführung ganzheitlicher gestalten. Methodisch eignet sich dieser Ansatz als Selbstreflexion für Führungskräfte, sowie für die Moderation von Dialogen (vgl. Bleicher, 2001, S. 72). Im Folgenden wird nun in Anlehnung an *Seufert* (2013) der Versuch unternommen, Bildungsmanagement mit dem integrierten Management-Ansatz des SGMM zu verknüpfen.

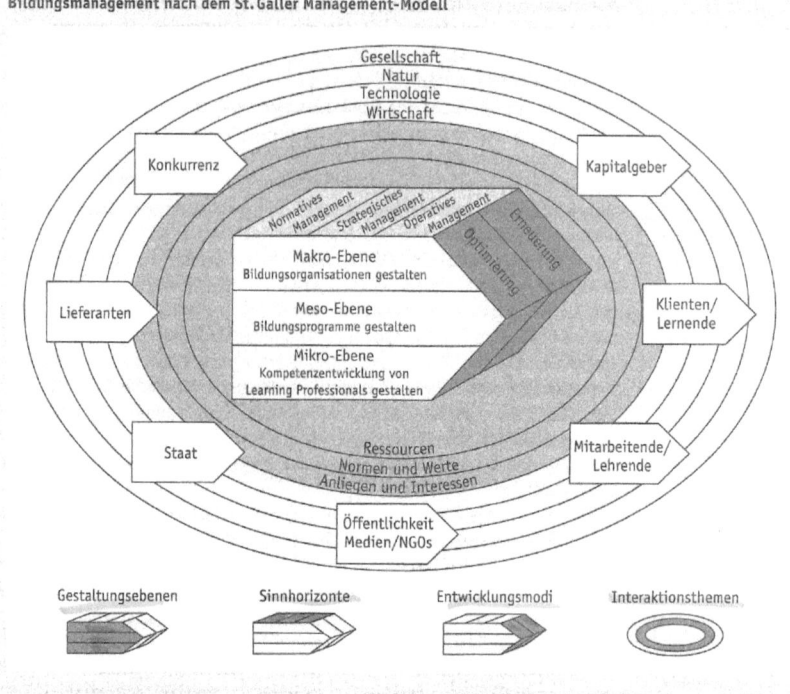

Abbildung 1: Bildungsmanagement nach dem St. Galler Management-Modell (Seufert, 2013, S. 23)

Anhand des Modells wird eine komplexe Bildungsorganisation in eine Außen- und Innenwelt gegliedert. Auf der Ebene der Außenwelt befinden sich die Kategorien Umweltsphären, Anspruchsgruppen und Interaktionsthemen. Die Innenwelt der Bildungsorganisation wird durch die Kategorien Sinnhorizonte, Gestaltungsebenen und Entwicklungsmodi charakterisiert.

Das neue SGMM unterscheidet auf der Ebene der Außenwelt zunächst die vier Umweltsphären Gesellschaft, Natur, Technologie und Wirtschaft in die eine Bildungsorganisation eingebettet ist. Zu den Anspruchsgruppen gehören organisierte und nicht organisierte Gruppen von Menschen, Organisationen und Institutionen (Stakeholder) die eine Relevanz für die Bildungsorganisation darstellen (vgl. Rüegg-Stürm, 2002, S. 23). Dazu gehören beispielsweise Staat, Jugendamt, Kapitalgeber, Kooperationspartner und die Öffentlichkeit. Speziell an Bildungsorganisationen angepasst und ergänzt wurden die Gruppen der Lehrenden und Lernenden. Wobei die zuletzt genannte Gruppe der Lernenden „[...] als Co-Produzenten, d.h. als zentrale, aktive, Akteure im Bildungsprozess verstanden" werden (Seufert, 2013, S. 30). Letztlich finden auf dieser Ebene kommunikative Prozesse statt, die eine Auseinandersetzung zwischen der Bildungsorganisation und ihren Anspruchsgruppen über sogenannte Interaktionsthemen, wie Ressourcen, Normen und Werte, sowie Anliegen und Interessen beinhalten.

Die von *Seufert* (2013) modifizierte Version des SGMM differenziert zudem auf der Innenwelt die Sinnhorizonte in die drei Ebenen des normativen, strategischen und operativen Managements (vgl. u.a. Diesner, 2008, S. 40; Dehnbostel, 2014, S. 14, Doppler, 2009, S. 424 f.). Das normative Management umfasst die allgemeinen Leitziele und Leitbilder einer Bildungsorganisation. Auf Bildungseinrichtungen bezogen, stellt diese Perspektive eine Basis zur Legitimierung und Begründung für ihr bildungsbezogenes Handeln in sämtlichen Lehr-Lernprozessen und Bildungsangeboten dar (vgl. Bleicher, 2001, S. 75; Seufert, 2013, S. 31). Strategisches Management beschäftigt sich in Bildungsorganisationen vor allem mit der Ausrichtung und der Entwicklung von Bildungs- und Lernaktivitäten. Im operativen Management geht es um die praktische Umsetzung von Bildungsprozessen. Bezugnehmend auf die Prozessperspektive „[...] wurde das vorliegende Modell an die Erfordernisse des Bildungsmanagements angepasst und in die drei Gestaltungsebenen Makro-, Meso- und Mikro-Ebene unterschieden" (Seufert, 2013, S. 23). Auf der Makro-Ebene werden Gestaltungsaufgaben markiert, die die gesamte Bildungsorganisation betreffen. Ein Bildungsmanagement hat hier zur Aufgabe Rahmenbedingungen, Strukturen und Ressourcen so zu konzipieren bzw. zu gestalten, dass Lehr-/Lernprozesse optimal durchgeführt werden können. Bildungsprozesse der Meso-Ebene haben zur Aufgabe Bildungsprogramme zu planen, durchzuführen und zu evaluieren. Hier werden vorwiegend Bildungsprogramme in Teams gestaltet und entwickelt. Die Mikro-Ebene hat zum Ziel die persönliche Kompetenzentwicklung der Lernenden und Lehrenden in den Fokus der Betrachtung zu stellen. Die Entwicklungsmodi beschreiben anhand der beiden Formen Optimierung und Erneuerung Veränderungs- und Wandlungsprozesse einer Organisationen. Während Optimierung lediglich eine Justierung von gegebener Strukturen darstellt, impliziert Erneuerung grundlegende Veränderungen beispielsweise von gegebenen Denk-

und Verhaltensmustern, sowie Abläufen und Routinen der Organisation (vgl. Rüegg-Stürm, 2002, S. 84).

Letztendlich kann ein professionelles Bildungsmanagement, welches Bildung als komplexe Managementaufgabe betrachtet, durch das SGMM unterstützt werden. Untermauert wird diese These u.a. dadurch, dass systemische Interaktionen einzelner Handlungsfelder sichtbar werden und sich deshalb klare Gestaltungsaufgaben für das Bildungsmanagement definieren lassen. Damit wandelt sich Führung von einem „[…] verwaltungsorientierten Erledigungsdenken [hin] zu einem gestaltungsorientierten Bildungsmanagement" (Seufert, 2013, S. 15).

Dieser partizipative Ansatz bezieht die Interaktion mit der Umwelt und allen Beteiligten mit ein. So können sämtliche Interessen der Außen- und Innenwelt, vor allem zwischen dem Management, den Mitarbeitern und der Elternschaft aufeinander abgestimmt werden. Nicht zuletzt gestalten, entwickeln und verwirklichen all diese Akteure eine individuelle Profilbildung zum Familienzentrum. Lernprozesse gestalten sich dabei durch und über die gemeinsame Entwicklungsarbeit. Um die Partizipation und die Wirkung zu optimieren, können Bildungsorganisationen sich zudem in Bildungsnetzwerken vernetzen und mit anderen Organisationen kooperieren, mit dem Ziel den Standort zu sichern und Ressourcen zu bündeln.

Das für Bildungsmanagementanforderungen modifizierte SGMM eignet sich daher hervorragend für die Beantwortung der Forschungsfrage. Aus diesem Grund werden im Verlauf dieser Arbeit verschiedene Elemente des Modells herausgegriffen und mit der Themenstellung verknüpft.

4. Aktuelle Trends – Warum sich Kitas zum Familienzentrum entwickeln?

In diesem Kapitel wird der Versuch unternommen den Bogen zu spannen zwischen den aktuellen Trends und den gestiegenen Herausforderungen für die Gestaltung des Familienalltags, über die Bedeutung der Familie für das kindliche Aufwachsen, bis hin zur Frage, inwiefern ein gutes Miteinander zwischen Familie und Bildungseinrichtung gelingen kann?

4.1 Bedeutung des Bildungsortes „Familie"

Die Familie ist der erste Ort für die Erziehung, Bildung und frühe Förderung der Kinder. Somit sind Eltern für ihre Kinder die wichtigsten Bezugspersonen und haben einen entsprechend verfassungsrechtlich festgeschriebenen Erziehungsauftrag (vgl. Bundesministerium für Familie, 2013, S. 4). Zudem stellt die Familie als Lebensmittelpunkt für Kinder auch einen Bildungsort[3] dar, in dem entscheidende Prozesse der Persönlichkeitsentwicklung und des Kompetenzerwerbs stattfinden. Diesem Bildungsort ist in der Vergangenheit zu wenig Beachtung geschenkt worden. Dies liegt sicherlich an der Überbewertung der formalen Bildung, die sich u.a. in schulischen institutionalisierten Lernkontexten wiederfindet. Der Familie als Bildungsort für alle Generationen wird mittlerweile eine große Bedeutung zugemessen. Untermauert wird dies durch den hohen Grad an informellen Bildungsgelegenheiten, die zur Alltagspraxis in Familien gehören (vgl. Die Zeit, 2015). Diese vollziehen sich zumeist in Interaktion mit Familienmitgliedern und im praktischen Tun, im Mitmachen, Abgucken, Ausprobieren und Einüben, aber auch im gezielten Vermitteln von Wissensinhalten (vgl. Büchner, 2006, S. 47). Der Begriff Familie stellt hier einen Rahmen dar, der durch die Weitergabe von Werten, Tugenden, Regeln und Kompetenzen nicht nur die Identitätsentwicklung von Kindern fördert, vielmehr wird hier nach *Bourdieu* (1982, S. 137) ein bestimmter „Geschmack" erworben. Dieser Geschmack ist in diesem Kontext nicht als genetische Veranlagung zu verstehen, vielmehr ist er Resultat eines Sozialisationsprozesses, der wiederrum durch die soziale Herkunft, also die Familie, geprägt und beeinflusst wird. Damit ist klar, dass Bindungs- und Sozialisationsprozesse, die in der Familie stattfinden, zu den Grunderfahrungen und zur Keimzelle der Persönlichkeit eines Menschen gehören (vgl. Büchner, 2006, S. 14). Für die Gesellschaft hat Familie einen unermesslichen Wert, da sie neben der Gestaltung der Sozialisation für die nach-

---

3 Nach dem Buch Bildungsort Familie (Büchner & Brake, 2006).

wachsenden Generationen, auch den Zusammenhalt fördert und letztlich den Erhalt unseres Wohlfahrtsstaates sichert (vgl. Jurczyk et al., 2014, S.11). Dies alles macht Familie mit Abstand zu einem der einflussreichsten „Soziotope" unserer Gesellschaft (vgl. Bundesministerium für Familie, 2013, S. 38).

Auf der Gestaltungsebene kann Familie mit einer Herstellungsleistung gleichgesetzt werden. Denn das alltägliche Handeln setzt voraus, dass Familie als gemeinschaftliches Ganzes permanent neu hergestellt wird ("Doing Family"). Dazu kommt, dass sich die Beziehungen in ihr auch im Laufe der Zeit verändern und zum anderen werden konkrete Praktiken und Handlungen der Familienmitglieder, im Alltag der Familie lebbar gemacht (vgl. Schier & Jurczyk, 2007). Unter dem Begriff „Familie" können viele Formen eines auf Dauer angelegten, intergenerationalen privaten Zusammenschlusses gefasst werden (vgl. Bundesverband der Familienzentren e.V., 2015). Intergenerativ meint in diesem Zusammenhang, dass die Familienmitglieder unabhängig vom Lebensalter füreinander Sorge tragen und Verantwortung übernehmen. Diese definitorischen Ausführungen begründen sich auf einem psychologischen[4] Begriffsverständnis von Familie, da sie die intergenerationalen Beziehungen betonen und Familie als System behandeln (vgl. Kramlinger, 2000, S. 9 ff.). U.a. handelt es sich bei den verschiedenen Familien- und Lebensformen heute um Kernfamilien, Lebensgemeinschaften, Patchworkfamilien, Stieffamilien, Regenbogenfamilien und Migrationsfamilien. Diese Vielfalt zeigt einerseits wie unterschiedlich sich Familien gegenwärtig zusammensetzen und andererseits die dahinter häufig komplexe Rahmenbedingungen und gesellschaftliche Trends, die Familien bei der Bewältigung ihres Alltages herausfordern.

4.2 Aktuelle Trends – Lebenslagen von Familien heute

Wie im vorangegangenen Absatz erläutert, sind die Rahmenbedingungen für das familiäre Zusammenleben heute komplexer geworden. Eltern werden immer häufiger mit hohen oder kaum zu bewältigenden Anforderungen an die Gestaltung ihres Alltags zwischen Beruf und Familie konfrontiert. Diese Herausforderungen und Anforderungen unterliegen gesellschaftlichen Trends. Die im Auftrag der *Bertelsmann Stiftung* publizierte Studie „Vater, Mutter, Kind? – Acht Trends in Familien, die Politik heute kennen sollte" (Jurczyk & Klinkhardt,

---

4 Es gibt noch den rechtlichen, genealogischen und religiösen Familienbegriff, die in dieser Arbeit allerdings nicht von Relevanz sind (vgl. Werneck & Rohrer-Werneck, 2000, S. 9 ff.)

2014), kann hier einen vertieften und fundierten Einblick liefern.[5] Zudem wird diese Studie ergänzt und erweitert durch eine Publikation gesellschaftlicher Megatrends des *Zukunftsinstitutes* (vgl. Zukunftsinstitut, 2015). Im Folgenden wird nun trivial auf die relevanten Trends und die damit verbundenen Auswirkungen auf Familie und Kindheit eingegangen.

Zunahme vielfältiger Lebens- und Familienformen (vgl. Jurczyk & Klinkhardt, 2014, S. 17 ff.)

Die Ehe als immer noch meistgelebte Familienform schwindet zugunsten anderer Familienformen. Im vorangegangen Kapitel wurden bereits einige dieser Formen genannt. Durch die zunehmende Individualisierung entstehen vielfältige Lebens- und Familienformen (vgl. Zukunftsinstitut, 2015). Somit wachsen Kinder heute seltener in einer „Normalfamilie" auf. Trennung und Scheidung, sowie Neuanfänge können dabei Ursachen für diese Pluralisierung darstellen. Es entstehen beispielsweise alleinerziehende oder gleichgeschlechtliche Familienformen und durch neue Partnerschaften können sich u.a. unverheiratete Lebensgemeinschaften, Patchwork- und Stieffamilien konstituieren. Aufgrund dieser Brüche haben Kinder Übergangsleistungen von der einen Familienform in die andere zu bewältigen.

Erosion des konventionellen Ernährermodells (vgl. Jurczyk & Klinkhardt, 2014, S. 33 ff.)

Die nicht vor allzu langer Zeit vorherrschende strikte Trennung der Aufgabenbereiche zwischen Männern und Frauen hat sich in den letzten drei Jahrzehnten drastisch gewandelt (vgl. Zukunftsinstitut, 2015). Männer sind nicht mehr die alleinigen Ernährer der Familie. Im Zuge der Bildungsexpansion kam es zu einem Anstieg der Frauenerwerbsquote. Diese und andere Veränderungen in der Gesellschaft begünstigen die Tatsache, dass Kinder „[…] insgesamt quantitativ immer weniger Zeit in ihrer häuslichen Umgebung und damit in der Familie […]" verbringen (Bundesministerium für Familie, 2013, S. 101). Allerdings hat dieser Wandel auch begünstigt, dass Kinder heutzutage deutlich mehr Zeit mit ihrem Vater verbringen und in einem vorwiegend partnerschaftlichen Umfeld aufwachsen, in dem sie weniger starre Rollenbilder erleben.

---

5 Dieser Überblick erhebt keinen Anspruch auf Vollständigkeit. Es sollen hier lediglich die für diese Arbeit relevanten Trends festgestellt werden.

Entgrenzung von Erwerbsbedingungen (vgl. Jurczyk & Klinkhardt, 2014, S. 55 ff.)

Das Normalarbeitsverhältnis mit seinen geregelten Arbeitszeiten und einer konstanten Vollzeiterwerbstätigkeit ist nicht mehr die Regel. Hingegen nehmen atypische Beschäftigungsformen, durch zeitliche Flexibilität und räumliche Mobilität zu (vgl. Zukunftsinstitut, 2015). Viele Arbeitnehmer befinden sich heute in Teilzeit- oder befristeten Beschäftigungsverhältnissen. Auch die frühere Trennung zwischen Arbeit und (Privat)-Leben weicht zugunsten eines entgrenzten Arbeitszeitmodells mit verschiedenen Arbeitsorten und höheren Anforderungen. Gestiegene Ansprüche, Überforderung und Stress aus der Arbeitswelt bestimmen heute zu einem hohen Maß das Privatleben von Arbeitnehmern. Dies führt dazu, dass die Gemeinsamkeit in Familien komplizierter herzustellen ist und Kinder häufiger gestresste Eltern erleben, die für die kindlichen Bedürfnisse nur Zeitlücken zur Verfügung haben. Im schlechtesten Fall werden Aufmerksamkeit und Zuwendung für Kinder dadurch noch vermindert.

Eltern unter Druck – Vereinbarkeit von Beruf und Familie (vgl. Jurczyk & Klinkhardt, 2014, S. 75 ff.)

Die Vereinbarkeit von Beruf und Familie stellt eine immer schwierigere Aufgabe dar. Gründe dafür liegen einerseits in den steigenden Anforderungen und veränderten Erwerbsbedingungen. So steigt die Anzahl von Müttern die in Teilzeitbeschäftigungen arbeiten stetig. Väter wiederum arbeiten häufig Vollzeit und teils sogar länger als Männer ohne Kind. An dieser Stelle divergieren Wunsch und Wirklichkeit. Väter wollen gern mehr am Familienleben teilhaben, können sich aber häufig aus vielerlei Gründen nicht durchringen ihre Arbeit dem Familienleben anzupassen. Modelle in denen sich die Stundenzahl der beiden Partner angleicht werden favorisiert, lassen sich allerdings selten umsetzen. Der Wunsch nach mehr Zeit für die Familie ist groß, doch leider müssen Kinder immer häufiger überforderte und verunsicherte Eltern erleben und wachsen zudem vermehrt in Lebenswelten außerhalb der Familie auf. So müssen erziehende Eltern „[…] verstärkt in Außenbeziehungen agieren – im Unterschied zu früheren Generationen, die sich deutlich mehr in familialen Binnenwelten bewegen konnten, Kinder erleben damit keine reine Familienkindheit mehr" (Bundesministerium für Familie, 2013, S. 38).

Polarisierung der Lebenslagen: Zunahme von Familien- und Kinderarmut (vgl. Jurczyk & Klinkhardt, 2014, S. 91 ff.)

Mit Sorge ist zu konstatieren, dass die für Deutschland typische Mittelschicht schrumpft, die Armen werden ärmer und die Reichen immer reicher. Diese divergierende und polarisierende Entwicklung ist für Familien und ihre Lebenslagen relevant, da von dieser sozialen Ungleichheit am ehesten Alleinerziehende, kinderreiche Familien und Familien mit Migrationshintergrund betroffen sind. Die Verteilung der Chancen und Risiken ist ungleich und stellt ein Risiko für das kindliche Aufwachsen dar. Mehr als jedes vierte Kind wächst in einer Familie, die von Armut betroffenen ist, auf. Armut ist gekennzeichnet durch entsprechend geringe monetäre Ressourcen, die Auswirkungen auf die Verwirklichungschancen haben. Im Hinblick auf Bildungsgerechtigkeit ist das deutsche Schulsystem bei der gerechten Verteilung von Bildungschancen überfordert. Anstatt ungleiche Bildungschancen abzubauen, fördert und verfestigt dieses System anhand der Kategorie der „sozialen Herkunft" soziale Ungleichheit von Kindern.

Kulturelle Diversifizierung – Familien mit Migrationshintergrund (vgl. Jurczyk & Klinkhardt, 2014, S. 113 ff.)

Der Anteil von Familien mit Migrationshintergrund in Deutschland ist steigend. So hat fast jedes dritte Kind einen Migrationshintergrund. Der Begriff „Migrationshintergrund" wird häufig verkürzt verwendet, so stehen dahinter oft vielfältige Umstände, Herkunftsländer, Motive, und heterogene Milieus. Bei genauer Betrachtung dieser Vielfalt macht eine differenzierte Sichtweise durchaus Sinn. Zusätzlich kann davon ausgegangen werden, dass Familien mit Migrationshintergrund häufig in schlechteren ökonomischen Situationen leben. In Sachen Bildung schneiden Kinder mit Migrationshintergrund beim intergenerationalen Bildungsaufstieg[6] besser ab als ihre deutschen Mitschüler. Allerdings trifft dies nicht auf die allgemeinen Bildungsabschlüsse zu. Hier haben Kinder mit Migrationshintergrund nach wie vor schlechtere Chancen.

Neue Gestaltungsräume von Kindheit (vgl. Jurczyk & Klinkhardt, 2014, S. 129 ff.)

Durch die bisher skizzierten Trends wurde deutlich, dass sich Kindheit verändert. So erleben viele Kinder heute ein partnerschaftliches Familienklima indem auch der Vater motiviert ist, Verantwortung für die Erziehung der Kinder zu übernehmen. Die Vielfalt und die Möglichkeiten der Freizeitgestaltung haben

---

6 Kinder haben einen höheren Bildungsabschluß als ihre Eltern.

sich endlos vermehrt. Allerdings ist Zeit ein knappes Gut geworden, so wachsen immer mehr Kinder in öffentlicher Verantwortung auf. In ihrer Kindheit erleben Kinder zudem häufig verschiedene Familienformen. Der soziale Hintergrund und die soziale Herkunft von Familien sind heute für das kindliche Aufwachsen ausschlaggebend. Hier driften durch ungleiche Bedingungen familiale Lebenswelten des Aufwachsens weiter auseinander. Kinder benachteiligter Familien haben geringe Chancen auf einen höheren Bildungsabschluss. Kindheit hat sich zudem auch im Hinblick auf das Elternverhalten geändert. Es stehen heute viele Eltern unter Druck, weil die Erwartungen an eine gute Elternschaft gestiegen sind.

Schwindende Passfähigkeit von Infrastrukturen für Familien (vgl. Jurczyk & Klinkhardt, 2014, S. 157 ff.)

Unter dem Begriff „institutional gap" wird die Passunfähigkeit von Infrastrukturen verstanden, die die veränderten Bedarfe von Familien nicht annährend aufgreifen. Die infrastrukturelle Unterstützung sollte daher besonders die Bereiche Bildung, Beratung und Hilfe für Familien in den Blick nehmen. Zudem muss die unterstützende Infrastruktur so organisiert sein, dass sie zeitlich auf die Bedarfe von Familien ausgerichtet ist.

Zudem untermauern die vom *Zukunftsinstitut* publizierten Megatrends, wie Individualisierung, Female-Shift, New-Work, Silver-Society, Neues Lernen, Gesundheit, Neo-Ökologie, Konnektivität, Globalisierung, Urbanisierung und Mobilität, gesamtgesellschaftliche Veränderungen die, die Menschen heutzutage prägen (2015). Diese Entwicklungen wirken sich auf das Aufwachsen von Kindern erheblich aus. Letztlich gehören jedoch das Verhältnis von öffentlicher Infrastruktur zur „[...] Familie und das Familienbild von Professionellen mehr als bislang bewusst zu den großen Herausforderungen der Gegenwart [...]" (Bundesministerium für Familie, 2013, S. 101). Insgesamt konnten diese Trends das Spannungsfeld, dem Familien permanent ausgesetzt sind, erläutern und hinreichend beschreiben, warum es zu ungleichen Kindheiten kommt.

4.3 Von der Kita zum Familienzentrum - Familienzentren in Deutschland

Die oben geschilderten gesellschaftlichen Strukturveränderungen liefern nun die Argumentation und legen zugleich den Grundstein für eine breit angelegte Vernetzung von Akteuren im Sozialraum. Zusammengeführt und beantwortet werden diese Bemühungen u.a. durch die sogenannten Familienzentren. Dadurch wird versucht diese Trends und Veränderungen aufzugreifen, um innerfamiliären Belastungen entgegenzuwirken. Als niederschwellige Knotenpunkte und Anlaufstellen für Familien konzipiert, fördern sie Vernetzung und Kooperation von Fachkräften und bieten somit Lösungsansätze für komplexe Probleme an, die von einzelnen Institutionen nicht bewältigt werden können (vgl. Stöbe-Blossey, 2010, S. 96). Ziel dieser Bemühungen ist es, unter einem Dach Kinder individuell zu fördern und Familien umfassend zu beraten, zu stärken und zu unterstützen. Weiterhin steht im Vordergrund, flexible und koordinierte Angebote zu gestalten, die die Eltern bei der Vereinbarkeit von Beruf und Familie entlasten. Gesetzlich begründet und untermauert wird diese Aufgabe durch den *§ 16 SGB VIII*. Danach sollen Angebote „ [...] dazu beitragen, dass Mütter, Väter und andere Erziehungsberechtigte ihre Erziehungsverantwortung besser wahrnehmen können" (Bundesministerium der Justiz, 2015). Gemeint sind Angebote der Familienbildung, die die Bedürfnisse der Eltern aufgreifen, Angebote der Beratung beispielsweise zum Aufbau elterlicher Erziehungs- und Beziehungskompetenzen und Angebote der Familienfreizeit.

Ein uniformes Familienzentrum existiert nicht. In Abhängigkeit von den Bedürfnissen der einzelnen Zielgruppen in einem Sozialraum können inhaltliche Schwerpunkte stark variieren. In bildungsbenachteiligten Lagen können beispielsweise Beratungs- und Gesundheitsangebote, sowie Sprachförderung im Mittelpunkt der Ausrichtung stehen, während kulturell-kreative und Familienfreizeitangebote eher in Stadtteilen mit einem hohen Anteil an Mittelschichtsfamilien nachgefragt werden (vgl. Stöbe-Blossey, 2010, S. 101).

Der Bundesverband der Familienzentren (2015) favorisiert in seinem Positionspapier eine wirkungsorientierte Begriffsbestimmung dieser Zentren. Nach diesem Verständnis geht es hier um den passgenauer Mehrwert, der für Familien und deren Bedürfnisse geschaffen werden soll. Familienzentren stellen Orte dar in denen Kontinuität, Stabilität und Zugehörigkeit eine zentrale Rolle spielen. Entfalten können sich diese drei Begriffe in einer vorurteilsbewussten Atmosphäre, die durch Gleichwürdigkeit und Respekt geprägt ist. Nur unter diesen Bedingungen ist auch echte Teilhabe aller Akteure möglich. Somit wird die Bedeutung der privaten Verantwortung, also die der Familie, nicht ignoriert, sondern betont und ihre Mitwirkungsmöglichkeiten geradezu herausgestellt (vgl. Bundesministerium für Familie, 2013, S. 101).

Familienzentren stehen im Mittelpunkt eines sich bundesweit abzeichnenden Veränderungstrends, der in herkömmlichen Kindertageseinrichtungen dazu führt, dass die einstige Kind-Orientierung der pädagogischen Ausrichtung erweitert und verstärkt die gesamte Familie in den Blick genommen wird (vgl.

Eggers, 2014, S. 175). Kindertageseinrichtungen bieten aufgrund ihres niedrigschwelligen Zugangs optimale Bedingungen, sich zu Familienzentren zu entwickeln. Nach diesem Verständnis wird der Zugang für benachteiligte Familien und zu Familien aus bildungsfernen Milieus erleichtert, mit dem Ergebnis letztlich die Nutzung frühkindlicher Förderangebote verstärkt wahrzunehmen und damit zur Verbesserung der Bildungschancen dieser Kinder beizutragen (vgl. Bundesministerium für Familie, 2013, S. 12). Die Ressourcen und Strukturvorteile von Kitas sollten daher genutzt werden, indem sie als Ausgangs- und Mittelpunkt für die Vernetzung familienorientierter Hilfen bereitstehen sowie als Bildungs- und Beratungsort und Treffpunkt für Familien ausgebaut werden. Dort haben Eltern die Möglichkeit ihre Kompetenzen weiterzuentwickeln und vielfältige integrierte Dienstleistungen und Unterstützungssysteme wahrzunehmen (vgl. Stöbe-Blossey, 2010, S. 95). Mit dieser Struktur- und Profilerweiterung einer Kita, können Familien demnach optimal unterstützt werden.

Vorbild sind die britischen Early-Exellence-Center (EEC). Das erste dieser Zentren „Pen Green" wurde bereits 1983 in der Stahlstadt Corby eröffnet. Diese Tatsache impliziert, dass es sich „anders als der Name Early-Exellence suggerieren könnte", nicht um elitäre Leistungszentren für hochbegabte und privilegierte Kinder handelt (vgl. Hebenstreit-Müller, 2008, S. 239). Vielmehr entstand dieses Zentrum in einem Umfeld mit hoher Arbeitslosigkeit und prekären sozialen Lagen. Der postulierte exzellente Anspruch richtet sich daher vornehmlich an Angebote mit hoher Qualität, deren Wirkungen alle Familien im Stadtteil erreichen sollen (vgl. ebd., 2008, S. 239). Letztlich sollte ein landesweiter Ausbau dieser Zentren in England noch bis ins Jahr 1997 dauern, erst dann wurde der Ausbau mit hohen Investitionen politisch gefördert. Ziele des EEC-Ansatzes sind, die konsequente Entwicklungs- und Bildungsbegleitung von Kindern, die enge Zusammenarbeit zwischen pädagogischem Fachpersonal und Familien sowie die Öffnung der Kindereinrichtung in den Sozialraum (vgl. Schlevogt, 2014, S. 12). Leider ist dieser Gedanke politisch in Deutschland noch nicht sehr weit verbreitet. Lediglich einige Bundesländer wie beispielsweise Nordrhein Westfalen haben sich auf den Weg gemacht derartige Zentren flächendeckend zu etablieren. Es wäre deshalb wünschenswert wenn gesamtpolitisch die Bildung, Beratung und Hilfen für Familien als Schlüssel für die Zukunft eines jeden einzelnen Kindes und damit als bestimmender Faktor für die Zukunftsfähigkeit unserer Gesellschaft betrachtet wird. Damit wird untermauert, dass Familie ergänzende öffentliche Angebote braucht, um Kindheit optimal fördern zu können (vgl. Bundesministerium für Familie, 2013, S. 14).

5. Den Prozess der Weiterentwicklung steuern - Bildungsmanagement als Führungsaufgabe

Dieses Kapitel greift den eigentlichen Veränderungsprozess „Von Kitas hin zu Familienzentren" auf. Dieser Prozess unterliegt einem dynamischen und allumfassenden Verständnis. Ein Bildungsmanagementprozess hat somit einerseits zur Aufgabe diesen Veränderungsprozess im Sinne eines Change-Managements zu steuern und an sich ständig ändernde Gegebenheiten anzupassen. Andererseits ist Bildungsmanagement hier aufgefordert sämtliche Bedarfe und Ressourcen zu ermitteln, mit dem Ziel sowohl einzelne Lehr-/ Lernprozesse und schließlich den gesamten Veränderungsprozess zu planen, durchzuführen und zu bewerten. Die hier fokussierten Prozesse und konkreten Aktivitäten des Bildungsmanagements „[…] sind mehrdimensional in einem Wirkungszusammenhang zu sehen und können sich somit jeweils auf unterschiedliche Sinnhorizonte, Gestaltungsebenen sowie auf unterschiedliche Entwicklungsmodi in der Interaktion mit der Außenwelt beziehen" (Seufert, 2013, S. 23).

5.1 Change-Management – Steuerung von Veränderungsprozessen

Der bekannte Sozialpsychologe Kurt Lewin hat sich bereits Mitte der vierziger Jahre des vergangenen Jahrhunderts mit gesellschaftlichen Veränderungsprozessen und Prozessen der Gruppendynamik auseinandergesetzt. Seine Bemühungen und Forschungsaktivitäten mündeten u.a. in die Konzeption des sogenannten 3-Phasen-Modells. Es beschreibt Veränderungsprozesse in den Phasen „Unfreezing" (Auftauen), „Changing" / „Moving" (Verändern) und „Refreezing" (Stabilisieren) (vgl. Ebner & Lang-von Wings, 2009, S. 378). Als psychologische Erklärung und für das allgemein wissenschaftliche Verständnis von Veränderungsprozessen bildet es damit auch das Fundament für ein professionelles Change-Management[7]. Beim Change-Management handelt es sich um das zielgerichtete Steuern und Bewirken von technischen, strategischen, organisatorischen, betriebswirtschaftlichen und menschlich-sozialen Veränderungen in Organisationen (vgl. Simon, 2008, S. 267).

In dieser Arbeit soll durch Change-Management insbesondere der Wandel und die Veränderungen, von Kitas die sich zum Familienzentrum weiterentwickeln, unterstützt und in den Fokus der Betrachtung gerückt werden. Die Implementierung eines solchen Wandels ist ein äußerst komplexer Prozess der ein systemati-

---

7 Die deutsche Übersetzung lautet Veränderungsmanagement.

sches und prozessorientiertes Vorgehen voraussetzt (vgl. Böttcher & Merchel, 2010, S. 89). Einen solchen Prozess professionell zu begleiten und zu steuern ist Aufgabe des Change-Managements. Dies wiederum erfordert eine hinreichende Qualifizierung und bindet zusätzliche Ressourcen. Der eher betriebswirtschaftlich geprägte Begriff des Change-Managements kann durchaus auch auf Organisationen im Bereich von Erziehung, Bildung und Betreuung übertragen werden. In diesem Kontext spielt der Faktor Mensch eine bedeutende Rolle, da sämtliche Veränderungen zum Ziel haben, den Menschen in seiner Entwicklung zu fördern. Für den Erfolg von Veränderungsprozessen ist die größtmögliche Einbeziehung aller Mitarbeiter eine wichtige Grundvoraussetzung (vgl. Böttcher & Merchel, 2010, S. 89). Veränderungen führen aber auch zu Ängsten und damit zu Widerständen der Mitarbeiter. Ein professionelles Change-Management sollte diese Widerstände wahrnehmen und im Sinne des Human-Ressource-Developments das Mitwirken von Mitarbeitern gezielt fördern und deren Ressourcen aktivieren, mit dem Ziel ein veränderungsfreundliches Betriebsklima zu schaffen. Dieser Gestaltungsansatz postuliert demnach die Mehrwertschöpfung aus dem ganzen Menschen und nicht nur einseitig aus seiner Arbeitskraft (vgl. Simon, 2008, S. 269). Der Mensch steht damit im Mittelpunkt der Betrachtung.

Ein prozessorientiertes Change-Management läuft meist in verschiedenen Phasen ab. Es wird nun der Versuch unternommen den Veränderungsprozess „Von einer Kita hin zum Familienzentrum" anhand der einzelnen Prozessphasen Planung, Durchführung und Evaluation zu beschreiben. Erfahrungen zeigen allerdings, dass es der Realität entspricht, wenn im Verlauf eines solchen Prozesses von der Veränderungsreihenfolge abgewichen wird. Ergänzt bzw. kombiniert wird dieser Prozessverlauf durch das 3-Wege-Modell von Kurt Lewin und durch das Phasenmodell des Change-Managements (vgl. Schönwald, Euler, Angehrn, & Seufert, 2006). Dies setzt sich aus den Phasen, Problemdefinition, Strategieentwicklung, der operativen Gestaltungsphase als Implementierungsstrategie und den Reflexionsphasen zusammen (vgl. Seufert, 2013, S. 415). Die Führungskräfte, Mitarbeiter und Teams gehören damit zu den Hauptzielgruppen dieser Ausführungen, da sie Veränderungen und Innovationen letztlich mittragen und umsetzen sollen. Nur durch ihre aktive Mitgestaltung können sich diese Strukturen, Prozesse und die eigene Haltung nachhaltig verändern. Aus diesem Grund sollten Veränderungs- bzw. Entwicklungsprozesse und Innovationen grundsätzlich so implementiert werden, dass Mitarbeiter von Anfang an als Verbündete für das „Neue" gewonnen werden können (vgl. Simon, 2008, S. 266). Insgesamt wird an dieser Stelle deutlich, dass Change-Management zusammen mit Bildungsmanagement als gleichwertiger Teil des Top-Managements einer Organisation betrachtet werden kann. Die beiden Begriffe Change-Management und Bildungsmanagement konkurrieren nicht, vielmehr ergänzen sich beide und begünstigen dadurch eine ganzheitliche Betrachtungsweise. Nach diesem Verständnis geht es darum, wie und auf welche Weise Bildungsmanagement dazu beitragen kann die Zukunftsfähigkeit von Menschen und Organisationen nachhaltig zu sichern und Change-Managementaktivitäten als Unterstützung für Veränderungsprozesse zu etablieren (vgl. Doppler, 2009, S. 432).

5.1.1 Planung

Auf den Punkt gebracht „[…] beinhaltet diese Phase „die situationsgerechte pädagogische und ökonomische Optimierung der Inhalte, der Methoden, der Zeit, der Ressourcen und der personellen Ausstattung." (Becker, M., zitiert nach Lau, 2007, S.63). Lewin nennt diese erste Phase „Unfreezing" (Auftauen), dies lässt deutlich werden, dass es zunächst wichtig ist, Mitarbeiter und Teams von der Notwendigkeit der Veränderung zu überzeugen (vgl. Ebner & Lang-von Wings, 2009, S. 378). Eine frühzeitige Aufklärung kann Widerstände minimieren und trägt positiv zu einem veränderungsfreundlichen Klima bei. Somit ist das Ziel dieser ersten Phase eine grundsätzliche Bereitschaft für einen Wandel zu schaffen.

Ergänzende Ausführungen zur Konzeption der Planungsphase finden sich im oben erwähnten Phasenmodell des Change-Managements wieder. Hier ist es anfänglich wichtig, Probleme zu definieren mit dem Ziel Klarheit über die gesamte Ausgangs- und Sachlage zu gewinnen. Zu Beginn des Veränderungsvorhabens muss auch eine hinreichende Begründung erfolgen. Es ist zudem notwendig, den Grad der Veränderungen zu bestimmen. Letztlich soll damit die Wirksamkeit von Bildungsinnovationen unterstützt werden (vgl. Seufert, 2013, S. 416). Daran schließt sich auch die Strategieentwicklungsphase an, in der sowohl die Ziel- als auch die Implementierungsstrategie konzeptionell an das Veränderungsvorhaben angepasst wird. In einem ersten Schritt werden die Ziele für das Veränderungsvorhaben geklärt. Es ist wichtig, dass alle relevanten Anspruchsgruppen mit einbezogen werden. Danach wird die Implementierungsrichtung, hinsichtlich zeitlicher Planung, die Klärung von Verantwortlichkeiten und das Sondieren von Ressourcen festgelegt (vgl. Seufert, 2013, S. 417). Dies alles dient schließlich der Gestaltung des Veränderungsprozesses. Es gibt zudem verschiedene Ansätze des Change-Managements. Abhängig von der Ausrichtung des Veränderungsvorhabens können beispielsweise Bottom-up- oder Top-Down-Strategien[8] verwendet werden. Die erst genannte Strategie beschreibt eine Veränderungsmotivation, die von der Basis ausgeht, während die Top-Down Strategie Veränderungsaktivitäten beschreibt, die einseitig nur vom Management ausgehen. Favorisiert wird für den vorliegenden Veränderungsprozess eine Mischung aus beiden Ansätzen.

5.1.2 Durchführung

Nach Lewin steht diese Phase, die auch „Changing" oder „Moving" (Verändern) genannt wird, ganz im Zeichen geplanter, systematischer und zielorientierter Veränderungen (vgl. Ebner & Lang-von Wings, 2009, S. 378). Ein gutes Gelingen dieser Veränderungen ist abhängig von einem frühzeitigen Einbeziehen der Mitarbeiter in diesen Prozess. So können sich in Abhängigkeit von gelingender und hinreichend offener Kommunikation über das Veränderungsvorhaben in der vorrangegangenen Phase „Unfreezing", Veränderungsprozesse optimal entwickeln.

Das von Schönwald, Euler, Angehrn, & Seufert (2006) entwickelte Phasenmodell für einen Change-Managementprozess sieht für die Durchführung des Veränderungsprozesses den Begriff der operativen Gestaltungsphase vor. In dieser Phase wird das Veränderungsvorhaben durch Diagnose- und Interventionsmaßnahmen umgesetzt (vgl. Seufert, 2013, S. 415). Die Diagnoseinstrumente dienen der Erhebung von Ausgangsbedingungen und damit auch der gesamten Ausrichtung des Veränderungsprozesses. Interventionsmaßnahmen beschäftigen sich vordergründig mit Vorgehensweisen, die von sogenannten Change Agents[9] durchgeführt werden, um Veränderungen zu initiieren, voranzutreiben und zu stabilisieren (vgl. Seufert, 2013, S. 422).

Diagnoseverfahren können sowohl auf individueller Ebene, auf Organisationsebene als auch auf Netzwerkebene Veränderungsprozesse unterstützen. So auch im vorliegenden Change-Managementprozess „Von einer Kita hin zum Familienzentrum". Auf der individuellen Ebene und Organisationsebene kann eine Bildungsbedarfsanalyse dazu beitragen, Rollen, Ansprüche, Einstellungen, Mo-

---

8 Es gibt noch die Multiple-Nucleus-Strategie, die Bipolare-Strategie und die Keil-Strategie, (vgl. Seufert, 2013, S. 418) deren Systematik hier allerdings keine Erwähnung findet.

9 „Change Agents" oder „Change-Facilitator-Teams" nach Hall und Hord (2001) sind für die konstruktive Implementierung von Veränderungen und Innovationen verantwortlich und ihre Interventionen können zum zentralen Steuerelement im Veränderungsprozess werden (vgl. Seufert, 2013, S. 422 f.).

tivation der einzelnen Teammitglieder aber auch Kommunikationsstrukturen innerhalb der Organisation und Erwartungen hinsichtlich Führung zu erfassen. Eine Diagnose von Netzwerken im vorliegenden Prozess kann durch Stadtteilanalysen und durch die Ermittlung familiärer Bedarfe gewährleistet werden.

Bildungsbedarfsanalyse

Die Bildungsbedarfsanalyse dient dazu, „[...] die Differenz zwischen den tatsächlichen Ist-Kompetenzen und den künftig notwendigen Soll-Kompetenzen [der Fachkräfte] zu ermitteln." (Lau, 2007, S. 52). Im weiterführenden Verständnis geht es hier um Kompetenzen, die in eine umfangreiche Handlungskompetenz oder eine reflexive Handlungsfähigkeit (siehe Kap. 7) münden und sich dann in zukünftigen Handlungssituationen entfalten. Hier wird zugleich deutlich, dass bisherige Ansätze zur Bildungsbedarfsanalyse sich häufig vorwiegend defizitorientiert darauf beschränkten den gegenwärtigen Bildungsbedarf zu ermitteln, der für die Bewältigung derzeitiger Anforderungen relevant ist (vgl. Schiersmann, 2008). Demgegenüber steht eine zukunftsbezogene und strategische Ausrichtung, d.h. der Bildungsbedarf wird weder von der Soll-Seite her noch von der Ist-Seite her determiniert, sondern beidseitig konstruiert (vgl. Stender, 2009, S. 114). Eine Bildungsbedarfsanalyse, welche die Ausrichtung eines Veränderungsprozesses hin zu einem Familienzentrum anstrebt, ist nach diesem Verständnis ein partizipatives Verfahren und schließt sowohl den einzelnen Mitarbeiter, das Team, als auch die gesamte Organisation möglichst frühzeitig mit ein. Eine frühzeitige Ankündigung des Veränderungsvorhabens ist dabei essentiell. Sie vermittelt allen Beteiligten Sicherheit, fördert die Bereitschaft zur Veränderung und minimiert dadurch Widerstand (vgl. Seufert, 2013, S. 421). Ausgehend vom veränderten Anforderungsprofil im Kontext der Tätigkeit pädagogischer Fachkräfte in Familienzentren konkretisieren nun folgende Anforderungen das moderne Leitbild in diesem Feld:

- Die Auseinandersetzung mit der eigenen Haltung und Reflexion des Systems Familie,
- Wahrnehmen aktueller Lebenslagen und Erkennen von Bedarfen, die Familien hinsichtlich geeigneter Unterstützungsleistungen in Form von Bildungs- und Beratungsangeboten und Hilfen für Familien haben,
- Kenntnis des Unterstützungs- und Angebotsspektrums der Einrichtung,
- Anwendung kompetenzorientierter und differenzierter Beobachtungs- und Dokumentationsverfahren im Dialog mit Familien,

- Bereitschaft an der eigenen Weiterentwicklung zu arbeiten,
- die eigene Konflikt-, Team- und Kritikfähigkeit einschätzen zu können und die Bereitschaft diese Fähigkeiten zu professionalisieren,
- Elternarbeit im Sinne einer Kompetenzpartnerschaft zu betrachten (vgl. Eggers, 2014, S. 180 f.).

Um diese Anforderungen zu implementieren und dabei individuelle Einstellungen, Motivationen und Widerstände der Mitarbeiter zu identifizieren, ist die Wahl eines breiten Methodenspektrums erforderlich. Eine solche Überlegung wirkt sich unmittelbar positiv auf die Qualität der Bildungsbedarfsanalyse aus. Es gibt eine Vielzahl von „Diagnose"-Methoden, die für eine Bildungsbedarfsanalyse im Feld von Einrichtungen oder Teams, die sich zu einem Familienzentrum entwickeln wollen, in Frage kommen könnten. Zu unterscheiden sind hier Methoden die sowohl unter Einbezug der Mitarbeiter als auch ohne deren direkte Beteiligung durchgeführt werden können. Favorisiert werden auch hier beteiligungsfördernde Methoden und kommunikationsorientierte Verfahren, wie z.b. schriftliche Befragungen der Mitarbeiterschaft, Mitarbeitergespräche und Arbeitsberatungen u.a. in Workshopform. Bei solchen Befragungen sollte immer auch die Anonymität der Mitarbeiter gewährleistet sein. Methoden die den einzelnen Mitarbeiter nicht einbeziehen, konzentrieren sich eher auf die Auswertung von Dokumentationen und weisen eine stark normative Ausrichtung auf. Hier spielt das Leitbild und die Philosophie einer Organisation eine übergeordnete Rolle. So wird beispielsweise bei der Erstellung von Stellenanzeigen auf genaue Qualifikationsanforderungen geachtet. Gesetze, Verordnungen aber auch die Auswertung von Fachliteratur dienen hier als Vergleichsgrundlage u.a. für die Konzeption einer Arbeitsplatzbeschreibung. Hilfreich für ein Bildungs- bzw. Change-Management ist hier auch der Einsatz von verschiedenen Beobachtungsverfahren zur Bedarfserfassung.

Angesprochen sind an dieser Stelle neben der inhaltsbetonen Ausrichtung des Veränderungsprozesses auch organisationale Prozesse, die hinsichtlich ihrer (Kommunikations-) Strukturen, Werte, Normen und Führungserwartungen diagnostiziert werden sollten. Die erwähnten Methoden bieten sich demnach auch dafür an, diese Prozesse in einer Organisation zu überprüfen, mit dem Ziel, diese zu optimieren. Damit verfolgt die Bildungsbedarfsanalyse insgesamt eine systemisch ganzheitliche Überzeugung, die „[…] die unterschiedlichen Elemente eines sozialen Systems, die subjektiven Deutungen und die system-spezifischen

Regeln, den Entwicklungsstand des Systems, sowie die Systemumwelt in den Blick [nimmt]" (Schiersmann, 2008).

Ein weiterer Nebeneffekt der Bildungsbedarfsanalyse besteht in einer vorzeitigen Evaluationsplanung, die eine spätere Lerntransfer- und Erfolgsmessung durch die Präzisierung von Zielen (Inhaltliche Ziele, Zielgruppe, Teilnahmevoraussetzungen, erforderliche Ressourcen usw.) bedeutend erleichtert (vgl. Lau, 2007, S. 62).

Stadtteilanalyse und Ermittlung familiärer Bedarfe

Für die inhaltliche Ausrichtung des Veränderungsprozesses sind zudem weiterer Schritte notwendig. So sind nicht allein auf Team- und Organisationsebene Bedarfe zu ermitteln. Vielmehr fordert eine Sozialraumorientierung als zentrales Merkmal von Familienzentren eine Zusammenarbeit mit diversen Anspruchsgruppen bzw. Netzwerkpartnern im sozialräumlichen Umfeld. Zu diesen Anspruchsgruppen gehören neben dem Team auch Kinder, Eltern, Familien und die verschiedensten Akteure im Stadtteil. Diagnosen in diesem Bereich verfolgen zwei Ziele. Einerseits geht es darum, Informationen über das Netzwerk mit seinen Spezifika, seinen Beziehungsgeflechten und seiner für Familien relevanten Infrastruktur in Form einer Stadtteilanalyse zu erhalten. Andererseits wird das Ziel verfolgt, Bedarfe von Familien im Umfeld zu ermitteln, um passgenaue Angebote zu konzipieren.

Die Stadtteilanalyse strebt einen Überblick in Form von Daten zu Einwohnerzahl, Altersstruktur, Nationalität, Haushaltsgröße und Arbeitslosendichte an. Dabei können vorhandene statistische Quellen der Jugendhilfeplanung, der Schul- und Kita-Bedarfsplanung, aber auch Sozial- und Armutsberichte und Sozialraumanalysen unterstützen (vgl. Klein, 2014, S. 72). Durch diese Dokumentenanalysen zur Sozialstruktur des Stadtteils kann sowohl die Zielgruppe präzisiert werden als auch ein methodisches Vorgehen abgestimmt werden. Sollte sich anhand dieser Analysen beispielsweise im Umfeld eines Familienzentrums ein hoher Anteil von Familien mit Migrationshintergrund herausstellenden, wäre damit schon von Anfang an klar, dass öffentlichkeitsrelevante Informationen in verschiedenen Sprachen erfolgen sollten. Somit werden potentielle Nutzer besser erreicht. Ein weiterer Schritt befasst sich mit der Infrastruktur des Sozialraumes. Um einen Überblick zu erhalten sollte hier mittels Stadtteilerkundungen und Bestandserhebungen genau geprüft werden, welche Institutionen und Angebote sich im Hinblick auf Bildung, Beratung und Hilfen für Familien bereits im Stadtteil befinden. Dazu gehören beispielsweise Kindertagesstätten, Familienzentren, Beratungsstellen, Schulen, Begegnungsstätten, kulturelle Angebote, Sportvereine, (Abenteuer-) Spielplätze und die medizinische Versorgung. Diese Institutionen unterstützen nicht nur Familien, sie können auch Partner in einem neuen Netzwerk sein. Denn zentraler Bestandteil einer sozialraumorientierten Arbeit ist neben der Öffnung auch die Vernetzung von ehrenamtlichen und professionellen Akteuren im Stadtteil. Aus diesem Grund sollten mögliche Netzwerkpartner in einen gemeinsamen Austausch eingebunden werden und hinsichtlich ihrer Vorstellungen über eine Zusammenarbeit befragt werden.

Das zweite wichtige Ziel der oben angeführten Analysen betrifft die Bedarfserhebung. Eltern sollten im Sinne einer Kompetenzpartnerschaft (siehe Kap. 7.1) nicht nur als Experten ihrer Kinder, sondern auch ihres Lebensumfeldes ernst genommen werden. An dieser Stelle wird offensichtlich, dass sich ohne die direkte Beteiligung von Familien kein Familienzentrum aus dem Boden stampfen lässt. Um potentielle Bedarfe zu erfassen, sollten nun Mitarbeiter, Kinder und Eltern des zukünftigen Familienzentrums einschließlich der Familien im Stadtteil befragt werden. Hierzu werden kommunikative Verfahren, wie Stadtteilbegehungen mit Kindern und Eltern, Kinderinterviews, Kinderkonferenzen, Elterncafés, und Hausbesuche bevorzugt (vgl. Schlevogt, 2014, S. 64 ff.). Allerdings kann und sollte eine derartige Bedarfsanalyse auch durch ein empirisches Forschungsdesign unterlegt werden. So können durch kombinierte quantitative (Fragebogen) und qualitative Datenerhebungsmethoden (Experten- oder Leitfrageninterviews) fundierte Querschnittsdaten erhoben werden (vgl. Aeppli, Gasser, Gutzwiller, & Tettenborn, 2011, S. 107)

Anzumerken ist an dieser Stelle noch, dass empirischen Verfahren einen Grad an Repräsentativität aufweisen sollten. Dies kann nur gewährleistet werden, wenn diese Analysen Aussagen über eine Grundgesamtheit zulassen. Eine quantitative Befragung kann beispielsweise bestimmte Parameter erfassen, die wiederrum einen Vergleich mit Sozialraumdaten zulassen. Derartige Analyseverfahren sind in der Lage Bedarfe im Rahmen der oben genannten Themenstellung zu erfassen.

Die vorangegangenen Diagnose- bzw. Analyseverfahren stellen nun das Fundament dar auf welchem der gesamte Veränderungsprozess fußt. Mit dem darin präzisierten Wissen können betriebliche Lehr- und Lernprozesse durch entsprechende Methoden konkretisiert und strategisch ausgerichtet werden. Diese Maßnahmen wiederum sollten in der Lage sein, Veränderungs- und Bildungsprozesse innerhalb von Teams und Organisationen prozessbezogen, widerstandsbezogen und objektbezogen zu begleiten bzw. zu gestalten (vgl. Seufert, 2013, S.

422). Um Interessen hinsichtlich des Veränderungsprozesses zu wecken, können prozessbezogene Interventionen wie Mitarbeitergespräche, Gruppenprojektarbeit, Bildung von Kompetenzteams, qualifiziertes Feedback und gelenkte Erfahrungsvermittlung eingesetzt werden. Zeitintensiver und teils auch außerhalb des Arbeitsortes gelegen, können Methoden wie, Outdoor-Trainings, moderierte Workshops, Fachseminare, Fachtagungen, Studium, Hospitationen anderer Einrichtungen zum Einsatz kommen.[10] Die widerstandsbezogene Gestaltung umfasst ein großes Spektrum an Interventionsmaßnahmen, darunter zählen u.a. eine frühzeitige transparente Kommunikation in Form von Gesprächen oder schriftlichen Informationen, verschiedene Anreiz- und Partizipationsmöglichkeiten, Kompetenzförderung durch Coaching und Unterstützungsmaßnahmen mittels Multiplikatoren. Auch der Einsatz von Machtmitteln wie beispielsweise Anweisungen und Sanktionen gehören, wenngleich als letzte Alternative, dazu. Objektbezogene Gestaltungsformen finden sich in Abhängigkeit vom Adressat in verschiedenen Bereichen einer Organisation wieder. Zum Einsatz kommen hier beispielsweise Teamentwicklungsmaßnahmen, Job Rotation und Bildungscontrollingelemente. Es muss von Anfang an transparent gemacht werden, welche ökonomischen Ressourcen für den Veränderungsprozess zur Verfügung stehen. Zu den ökonomischen Ressourcen, die in dieser Phase abgeklärt werden, zählen das finanzielle Budget, der Einsatz von Medien und Materialien, die zur Verfügung stehende Literatur und sonstige Informationsquellen, die Auswahl externer Referenten und die räumlichen Bedingungen. Damit eng verbunden ist eine unabdingbare Abstimmung mit internen Auftraggebern (Jugendamt) und externen Kooperationspartnern.

5.1.3 Evaluation/Transfererfolg

In dieser Phase die von Lewin auch „Refreezing" (Stabilisieren) bezeichnet wird, werden Veränderungen stabilisiert (vgl. Ebner & Lang-von Wings, 2009, S. 378). Während es in der vorangegangenen Phase durch den Eintritt in den operativen Veränderungsprozess zu einem Leistungsabfall der Mitarbeiter kam, kann nun diese Phase wieder zu einer Leistungssteigerung beitragen. Es wird empfohlen fortlaufend Ist-Analysen durchzuführen, die gewährleisten sollen, dass sich Veränderungen im Unterbewusstsein der Mitarbeiter nachhaltig etablieren.

---

10 Die Auswahl der Methoden erhebt keinen Anspruch auf Vollständigkeit, vielmehr sollen sie einen Überblick darstellen.

Eine ähnliche Sichtweise vertreten die Autoren Schönwald, Euler, Angehrn, & Seufert (2006). In ihrem Phasenmodell konstituieren Sie an dieser Stelle Reflexionsphasen, die über die gesamte Dauer des Veränderungsprozesses und darüber hinaus eingesetzt werden. Dadurch wird eine permanente Reflexionskultur geschaffen, in der bewusste Denkpausen dazu genutzt werden den Gestaltungsprozess auf dem richtigen Kurs zu halten. Reflexionen finden hier auf den Ebenen der Problemanalyse, der Veränderungsstrategie und der operativen Gestaltung statt (vgl. Seufert, 2013, S. 425).

Neben diesen beiden Ansätzen, die eine permanente Reflexionskultur favorisieren, wird eine Evaluation von sämtlichen zum Einsatz gekommenen Lehr- und Lernprozessen und Methoden angestrebt. Evaluationen sollen primär dazu dienen, den Bildungs- und Lernerfolg zu erfassen, einzuschätzen und zu bemessen (vgl. Lau, 2007, S. 85). Vor allem aber soll der Lernerfolg hinsichtlich seiner Wirksamkeit optimiert und bewertet werden. Im Mittelpunkt des Evaluationsprozesses stehen deshalb das Lernergebnis und die Erreichung der Lernziele (vgl. Dedering & Feig, 1993, S. 258). Für den Kontext betrieblicher Weiterbildungen haben Böttcher, Holtappels, & Brohm (2006) den Begriff „Evaluation" als „[...] die Methode systematischer Datensammlung, die Analyse und eine an Kriterien orientierte Bewertung der Befunde mit dem primären Ziel, Impulse für die Verbesserung von Maßnahmen oder Systemen zu liefern, [bezeichnet]" (S. 7). Damit erfährt dieser Begriff eine Erweiterung von der einst lernerfolgs- bzw. zufriedenheitsbezogenen[11] Evaluationspraxis hin zu einer Evaluation die sämtliche Phasen des Bildungs- und Change-Managements schon im Vorfeld kritisch reflektiert und damit einer Fehlausrichtung des gesamten Veränderungsprozesses vorbeugt. Die Wirksamkeit dieser verschiedenen Lehr- und Lernprozesse kann mittels Transfer-, Planungs-, Kontext- und Prozess-Evaluationen auch vor oder während der Maßnahme evaluiert und damit verbessert werden (vgl. Stender, 2009, S. 415 f.). Die eben angesprochenen Evaluationsbereiche, werden weiter unten im Vier-Ebenen-Modell von *Kirkpatrik* konkretisiert. Es werden zudem summative und formative Evaluationsmodelle unterschieden. Die Aufgabe von summativen Evaluationen ist es, Lehr- und Lernprozesse und deren Lern- und Transfererfolge abschließend zu dokumentieren und zu bewerten (vgl. Lau, 2007, S. 87). Bei der formativen Evaluation werden schon während der Lehr-

---

11 Damit ist eine Output-Evaluation gemeint, die am Ende von Bildungs- und Qualifizierungsmaßnahmen den Erfolg festzustellen hat (vgl. Stender, 2009, S. 411).

und Lernprozesse prozessbegleitend Veränderungen umgesetzt und damit Optimierungseffekte angestrebt (vgl. Stender, 2009, S. 429).

Die in dieser Arbeit beschriebenen Lehr- und Lernprozesse, die einen stark prozessorientierten Charakter aufweisen, kommen daher eher formative Evaluationsverfahren zum Einsatz. Mit diesem Verständnis betrachtet, ist Evaluation keine nachgeordnete Maßnahme, vielmehr richtet sich diese an das gesamte Bildungs- bzw. Change-Management. Durch den beschriebenen partizipativen Charakter des gesamten Veränderungsprozesses im Feld von Familienzentren wird empfohlen, wie auch oben schon erwähnt, in jeder Phase eine Evaluation in Form von Reflexionen vorzunehmen. Die Erkenntnis dabei ist, dass sich dadurch nicht nur der Lernerfolg weiterer Bildungsmaßnahmen verbessert, es entsteht zudem auch eine offene Arbeitsatmosphäre, die ein Wir-Gefühl vermittelt und Kommunikationskulturen verbessert.

Neben der Gewinnung von Erkenntnissen ist eine weitere Aufgabe von Evaluation die Beurteilung darüber, inwieweit Ziele erreicht wurden. Neben den eingangs beschriebenen Zielen ist es daher von wesentlicher Bedeutung zu erfahren, ob sich Einrichtungen überhaupt zu Familienzentren ausweiten lassen. Zudem sei darauf hingewiesen, dass Veränderungsprozesse u.a. durch Widerstände im Team, durch eine ineffektive Führung oder Mangel an Ressourcen scheitern können. Kontrolliert wird das Erreichen dieser Ziele anhand verschiedener Methoden wie z.B. Befragungen, Blitzlichter, Stimmungsbarometer, Feedbackgespräche und Beobachtungen und das Hinzuziehen von externen Experten. Das Bildungs- bzw. Change-Management hat hier zur Aufgabe, auf größtmögliche Transparenz auch in Richtung der Familien zu achten, Dialoge zu schaffen und zu fördern und letztlich, die Evaluations- bzw. Entwicklungsschritte zu dokumentieren.

Ein weiterer Aspekt erlangt im Bereich Evaluation eine immer größere Bedeutung. Es handelt sich um die zunehmende Ökonomisierung, die auf Wirtschaftlichkeit und Effizienz abzielt und somit auch diesen Bereich in den Blick nimmt. Damit steht das Bildungs- bzw. Change-Management zusätzlich vor der Aufgabe, sämtliche Bildungsmaßnahmen bedarfsorientiert mit möglichst geringen Kosten und einem größtmöglichen Nutzen zu konzipieren. Genau an dieser Stelle erfährt der eher pädagogisch orientierte Evaluationsbegriff die notwendige Erweiterung durch das ökonomisch orientierte Bildungscontrolling (vgl. Jütte, 2004, S. 232). Damit wird eine Art zukunftsgerichtete Evaluationspraxis etabliert, die verstärkt auf messende und kontrollierende Komponenten setzt.

Ein Ansatz der diese Systematik verdeutlicht, ist der Vier-Ebenen-*Ansatz* von *Kirkpatrick*. Er unterscheidet und hierarchisiert die Ebenen: Reaktion („reaction"), Lernen („learning"), Verhalten („behavior") oder auch Transfer („transfer") und Ergebnisse („results"). Dabei dient jede Ebene als Voraussetzung für die jeweils höhere Ebene (vgl. Stender, 2009, S. 440).

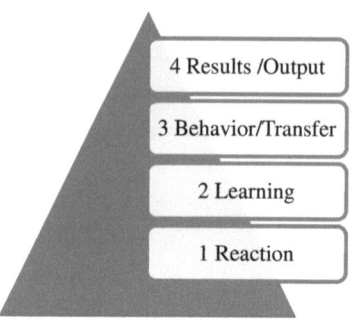

Abbildung 2: Vier-Ebenen-Modell nach Kirkpatrik (Dehnbostel, 2014, S. 19; Stender, 2009, S. 441; Müller & Soland, 2009, S. 272)

Während sich die erste Ebene der Reaktion vorwiegend mit Zufriedenheitsevaluationen befasst, wird auf der zweiten Ebene der Lernerfolg evaluiert. Auf der dritten Ebene sollen Evaluation sicherstellen, dass sich am Ende von Lehr- und Lernprozesse das Transferergebnis „[...] auf das selbstständige Übertragen des Gelernten aus dem Lernfeld der [Bildungsmaßnahme] in das Funktionsfeld ‚Arbeitsplatz' [bezieht]." (Dedering et. al., 1993, S. 258). Die letzte Ebene bezieht sich auf die ökonomischen Resultate und stellt eine Kosten-/Nutzenbilanz auf. Insgesamt ergeben sich durch dieses Modell Vorteile für die Konzeptuierung von Bildungs- und Controllingmaßnahmen, da sie auf den verschiedenen Ebenen ansetzen können. Dazu dient es dem Bildungs- und Change-Management als Steuerungs- und Kontrollinstrument, da sich der Lern- und Transfererfolg einer Maßnahme ganzheitlich bewerten lässt.

5.2 Ansprüche an Management und Führung

Es ist zu konstatieren, dass der in dieser Arbeit vorrangig gebräuchliche Begriff „Management", der in Bezug auf die Beantwortung der Forschungsfrage eine große Relevanz besitzt, eng mit dem Begriff „Führung" verwoben ist. Durch verschiedene teils uneinheitliche Definitionen ist es kaum möglich, diese trennscharf voneinander abzugrenzen, hingegen werden sie häufig synonym verwendet (vgl. Birker, 1997). Für die Beantwortung der Forschungsfrage ist es allerdings von Vorteil Kenntnis über die Spezifika dieser beiden Begriffe zu haben, da diese im Kontext des Arbeitsthemas öfters anzutreffen sind. Zunächst beabsichtigen sowohl „Management" als auch „Führung" die zielgerichtete Lenkung, Steuerung und Gestaltung von Organisationen (vgl. Birker, 1997; Marburger & Griese, 2011, S. 5). Dennoch fokussiert „Führung" als Prozess der Ko-Kreation, ein, im Dialog ausgehandeltes gemeinsames Verständnis auf Basis subjektiver Realitäten zur strategischen Ausrichtung der Organisation (Fialka, 2011, S. 10). Durch diese klare Zielvorgabe wirkt Führung direkt und progressiv auf das Verhalten von Mitarbeitern ein. Der Bildungsmanagementprozess erhält somit durch den Begriff „Führung" eine notwendige Ergänzung. Insgesamt kann es durch dieses erweiterte Begriffsverständnis dem Management gelingen, die Komplexität und Ganzheitlichkeit, mit der die Führungskräfte im obigen Veränderungsprozess konfrontiert werden, aufzunehmen.

Allerdings ändert sich auch die Rolle des Bildungsmanagers in einem solchen Veränderungsprozess. Durch die zunehmende Selbstständigkeit der Lernenden und den aktuellen lernpsychologischen Erkenntnissen, ist zu beobachten, dass Führungskräfte von der einstigen frontalen Informationsvermittlung entlastet werden und Ihnen werden verstärkt Managementaufgaben, wie Koordination, Steuerung, Planung, Organisation aber auch eine bildungswissenschaftlich motivierende Führung zugesprochen (vgl. Decker, 2000, S. 12). Management als Beziehungs-, Sach- und Finanzgestaltungsvorgang wird daher zu einer zentralen Aufgabe von Leitern und von Führungskräften. So reicht es heute nicht mehr aus, dass ein pädagogisch Qualifizierter eine Bildungseinrichtung leitet, er muss diese auch managen und führen können (vgl. Decker, 2000, S. 19).

Zur Veranschaulichung ist es sinnvoll, den Verlauf eines Veränderungsprozesses nochmals genauer zu betrachten. Diesmal aus Sicht der einzelnen Person, des Mitarbeiters, dessen wahrgenommene persönliche Kompetenz im Veränderungsprozess zum Gegenstand der folgenden Betrachtung avanciert. Mithilfe des von Streich einwickelten Verlaufsmodells kann hier ein fundierter Einblick gelingen.

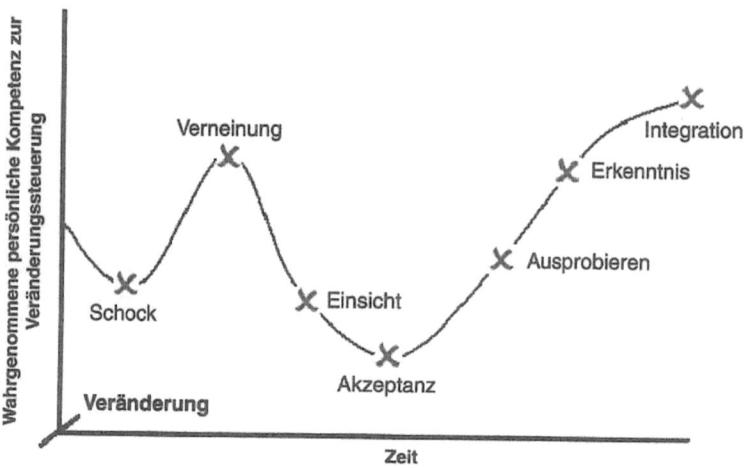

Abbildung 3: Verlauf eines Veränderungsprozesses nach Streich (1997) (nach Ebner & Lang-von Wings, 2009, S. 383)

Das Modell benennt im Verlauf der Zeit menschliche Reaktionen, die sehr unterschiedliche Prägungen bei Veränderungen aufweisen können. Am Anfang einer Veränderung steht meist der „Schock", er impliziert eine geringe Wahrnehmung der eigenen Kompetenzen. Nach einiger Zeit tritt die Phase der „Verneinung" auf, die durch eine Ablehnung der Veränderung seitens des Mitarbeiters gekennzeichnet ist (vgl. Ebner & Lang-von Wings, 2009, S. 383). Mit einer weiter sinkenden Wahrnehmung der eigenen Kompetenz werden die Phasen der „Einsicht" und der „Akzeptanz" eingeleitet. Diese bilden gleichsam die Motivation für einen wachsenden Kompetenzerwerb, damit verbunden sind die Phasen des „Ausprobierens", der „Erkenntnis" und schließlich am Ende die „Integration" der neuen Denk- und Verhaltensweisen.

Für das Management besteht die Herausforderung nun darin, die Faktoren zu generieren, die einen Veränderungsprozess gefährden bzw. begünstigen können. Zur Hauptgefährdung eines Veränderungsvorhabens gehören Widerstände. Diese können mitunter anstehende Veränderungen zum Kippen bringen und nachhaltig Narben in der Beziehung zwischen Management und Mitarbeitern hinterlassen. Ratsam wäre an dieser Stelle, den Fokus von vornherein dahingehend auszurichten, dass begünstigende Faktoren seitens des Managements zum Einsatz kommen. Dazu gehören u.a. folgende Ansprüche:

- transparente Übermittlung des Vorhabens und der Leitvision werden dem Wunsch der Mitarbeiter nach Orientierung gerecht und begünstigen Akzeptanz,
- das Schaffen eines von Beginn an klaren Bezuges zur Sinnhaftigkeit des Vorhabens mit gleichzeitiger Einladung zur Beteiligung schafft Vertrauen,
- ein Management muss involviert sein und als Vorbildrolle für die Integration der neuen Strategie fungieren, damit wird die Identifikation und das selbstlernende Umsetzen des veränderten Leitbildes durch die Mitarbeiter erhöht (vgl. Bleicher, 2001, S. 94 ff.).

Dem schließen sich folgende weitere Erfolgsfaktoren an:
- die Mitarbeiter sollten am Entwurf der Zielversion beteiligt werden,
- externe Berater „Change Agents" sollten frühzeitig eingebunden werden,
- eine ganzheitlich abgestimmte Personalentwicklung mit entsprechend konzipierten Weiterbildungs- und Qualifizierungsmaßnahmen installieren (vgl. Ebner & Lang-von Wings, 2009, S. 381 f.).

Diese unterstützenden Faktoren können einen Erfolg des Veränderungsvorhabens begünstigen. Es sei allerdings auch bemerkt, dass derartige komplexe Vorhaben, wie die Veränderung einer Kita hin zum Familienzentrum von einer Reihe sich bedingender Faktoren abhängen deren Planbarkeit unvorhersehbar ist.

6. Betriebliches Bildungsmanagement - Lernen im Familienzentrum -

Während sich das vorangegangene Kapitel dem Bildungsmanagement im Veränderungsprozess „Von Kitas auf den Weg zu Familienzentren" und der Rolle von Führung widmete, tritt nun der Teilbereich der betrieblichen Bildung verstärkt in den Vordergrund. Nach *Gessler* (2009) wird die betriebliche Bildung als ein spezifisches Handlungsfeld des allgemeinen Bildungsmanagements betrachtet (S. 18 ff.). Für *Dehnbostel* (2010) geht ein betriebliches Bildungsmanagement ergänzend über die betriebliche Bildungsarbeit hinaus (S.28). Damit wird deutlich, dass es sich hier weder um eine reine betriebliche Bildungsarbeit, noch um eine reine betriebliche Managementaufgabe handelt. Vielmehr verlangt die komplexe Aufgabenstellung, dass ein betriebliches Bildungsmanagement auf Managementebene angesiedelt ist und betriebliche Bildungsarbeit als Handlungsfeld bzw. Teilbereich anerkennt.

Durch betriebliches Bildungsmanagement kann nun der betriebsinterne Erwerb der erlangten Kompetenzen und Fähigkeiten der Mitarbeiter im beschrieben Veränderungsprozess durch geeignete betriebliche Qualifizierungs- und Kompetenzentwicklungsmaßnahmen der Mitarbeiter gefördert und gesichert werden. Die Herausforderung für das betriebliche Bildungsmanagement besteht hauptsächlich darin, dass die beruflichen Kompetenzentwicklungsbedarfe der einzelnen Mitarbeiter in Einklang mit den Erfordernissen und den Geschäftszielen der Bildungsorganisation und in Abwägung des betrieblichen Nutzens gebracht werden müssen (vgl. Dehnbostel, 2014, S. 14). Ein betriebliches Bildungsmanagement nimmt dieses Spannungsfeld zwischen individuellen Entwicklungsaspekten des Mitarbeiters und betrieblichen Qualifizierungsansprüchen auf und gestaltet es (vgl. Diesner, 2008, S. 47). Es umfasst somit alle Formen betrieblicher Lehr- und Lernprozesse mit dem Fokus auf die organisationalen, personalen und ökonomischen Rahmenbedingungen. Zur Aufgabe des betrieblichen Bildungsmanagements gehört die Planung, Steuerung und Bewertung sämtlicher Lehr-/Lernprozesse und betrieblicher Qualifizierungsmaßnahmen (vgl. Dehnbostel, 2014, S. 28). Ein betriebliches Bildungsmanagement fixiert somit Bildungs- und Qualifikationsziele, konstituiert Abläufe, Regeln und Maßnahmen, um diese Ziele zu erreichen und bewertet letztlich den Erfolg. Insgesamt kann betriebliches Bildungsmanagement als ein ganzheitlich kommunikativer Prozess betrachtet werden, der auf die Bedürfnisse und Notwendigkeiten des Einzelnen, der Organisation und der gesamten Gesellschaft eingehen muss, sie entwickelt und koordiniert (vgl. Decker, 2000, S. 13).

Im Folgenden werden die Ansprüche an das Management von Bildungsorganisationen fußend auf dem SGMM nach einem normativen, strategischen und operativen Sinnhorizont unterschieden. Auch auf die beiden Bereiche Personal- und Organisationsentwicklung der betrieblichen Bildungsarbeit, die durch moderne Arbeits- und Wissenskonzepte auch das Bildungsmanagement tangieren, soll in diesem Kapitel eingegangen werden.

6.1 Normatives, strategisches und operatives Bildungsmanagement - Human-Ressource-Management

Das von *Seufert* (2013) modifizierte SGMM differenziert auf der Innenwelt die Sinnhorizonte, in die drei Ebenen des normativen, strategischen und operativen Managements (vgl. u.a. auch Diesner, 2008, S. 40; Dehnbostel, 2014, S. 14, Freiling & Wessels, 2009, S. 424 f.). Die drei miteinander in Beziehung stehenden Themenfelder betonen logisch voneinander abgrenzbare Handlungsebenen des Bildungsmanagements. Um Bildungsmanagement nun in Bildungsorganisationen zu verankern, sollten diese drei Managementebenen Beachtung finden. Ein Bildungsmanagement sollte aus diesem Grund die normativen und strategischen Interessenlagen wahrnehmen und sich um eine operative Umsetzung bemühen. Sich im Veränderungsprozess anbahnende Problemstellungen und Schwierigkeiten können somit einfacher beleuchtet werden. Ausschlaggebend ist hier auch die Tatsache, dass ein betriebliches Bildungsmanagement anhand dieser drei Ebenen die Kompetenzentwicklung der einzelnen Mitarbeiter nach dem Anspruch des Human-Ressource-Developments fördern kann. So erlaubt die Verkopplung dieser drei Dimensionen eine langfristige Entwicklung von Kernfähigkeiten einer Organisation zur Bewältigung ihrer zukünftigen Probleme (vgl. Bleicher, 2011, S. 415).

Normatives Bildungsmanagement

Durch ein normatives Bildungsmanagement werden Bildungsziele, Leitsätze und Organisationsstandards festgelegt, mit dem Ziel das Handeln einer Bildungsorganisation zu legitimieren (vgl. Seufert, 2013, S. ff.). Zu den Handelnden gehören in erster Linie Mitarbeiter und das Management. Während auf der einen Seite die Mitarbeiter für ihre individuellen Bildungsziele stehen, verkörpert das Management auf der anderen Seite die Ziele der Organisation. „Die Beziehung zwischen beiden Gruppen ist durch deren Einstellungen/Überzeugungen, Werte und Ansprüche geprägt" (Diesner, 2008, S. 206). Ein betriebliches Bildungsmanagement hat zur Aufgabe sich sowohl mit den Werten der Mitarbeiter als auch mit den Erwartungen des Managements auseinanderzusetzen. Trotz maximaler Einbeziehung der Mitarbeiter in Bezug auf ihre Qualifikations- und Bildungsbedürfnisse stehen betriebliche Interessen hierbei zumeist im Vordergrund. Die Verkündung der betrieblichen Interessen sollte von Beginn eines derartigen Veränderungsprozesses an transparent und unverkennbar dargelegt werden. Somit ist für alle Beteiligten klar, dass Qualifizierungs- und Bildungsmaßnahmen normativ so ausgerichtet werden, dass sie den Werten, der Kultur und der Philosophie der Organisation entsprechen (vgl. Elsholz, 2014, S. 11). Dies stellt zugleich die Grundlage für die Formierung eines Organisationsleitbildes dar.

In der vorliegenden Arbeit begründen sich die betrieblichen Interessen und Notwendigkeiten für einen solchen Veränderungsprozess zum Familienzentrum an den oben skizzierten gesellschaftlichen Trends. Der hinzugezogene EEC-Ansatz formuliert zudem mit seiner präzisen Zielstellung einen möglichen Weg. Ziele des EEC-Ansatzes sind die konsequente Entwicklungs- und Bildungsbegleitung von Kindern, die enge Zusammenarbeit zwischen pädagogischen Fachpersonal und Familien sowie die Öffnung der Kindereinrichtung in den Sozialraum (vgl. Schlevogt, 2014, S. 12). Eine derartig anspruchsvolle Zielstellung erfordert seitens der Mitarbeiter eine intensive Reflexion der eigenen Tätigkeit in Bezug auf die eigene Haltung. Diese intrinsische Leistung bedarf eines Konglomerats aus eigener Motivation und geeigneten Qualifikations- und Bildungsmaßnahmen. An dieser Stelle münden normative Leitgedanken in ein strategisches und operatives betriebliches Bildungsmanagement.

Strategisches Bildungsmanagement

Ein strategisches Bildungsmanagement verbindet die normative mit der operativen Managementebene und ist darauf ausgerichtet mittel- und vor allem langfristige Bildungs- und Qualifikationsziele in Abstimmung mit dem Leitbild der Organisation zu determinieren (vgl. Dehnbostel, 2010, S. 29). Eine solche zukunftsgewandte Zieldefinition kann allerdings nur gelingen, wenn hinsichtlich des vorliegenden Veränderungsprozesses durch Bildungsbedarfs- und Stadtteilanalysen (siehe Kap. 5.1.2) bzw. durch die Auswertung gesellschaftlicher Trends (siehe Kap. 4.2) möglichst genaue Aussagen zu potentiellen Qualifizierungs- und Bildungsanforderungen getroffen werden können. Die aus diesen Analysen extrahierten Ziele und Handlungsfelder werden in Abhängigkeit der normativ gesetzten Leitziele nicht nur festgelegt, sie bilden gleichsam die

Grundlage auf dem der dynamisch strategische Weiterentwicklungsprozess der Bildungsorganisation fußt. Nach *Diesner* (2008) ist ein strategisches Bildungsmanagement auf „[...] die Entwicklung, Pflege und Nutzung von Erfolgspotentialen gerichtet [...]" und ist daher für den langfristigen Erfolg einer Bildungsorganisation und für die Verteilung von Ressourcen verantwortlich (S. 41). Für *Freiling und Wessels* (2009) steht die Schaffung einer herausfordernden Vision bezüglich der Rolle der Bildungsorganisation in der näheren und ferneren Zukunft im Vordergrund (S. 425). Erfolge und Visionen können sich allerdings nur durch eine systematische Kompetenzentwicklung der Mitarbeiter im Rahmen der Organisationsstrategie einstellen (vgl. Dehnbostel, 2014, S. 15).

In Bezug auf die Themenstellung dieser Arbeit sollte sich die Kompetenzentwicklung der Mitarbeiter vornehmlich mit der eigenen Haltung und Reflexion gegenüber dem System Familie, dem Reflektieren von Lebenslagen und Bedarfen von Familien, mit kompetenzorientierten Beobachtungs- und Dokumentationskonzepten und der Öffnung von Kindertagesstätten als sozialraumorientierte Kompetenzzentren für Familien auseinandersetzen. Die im Entwicklungsprozess erlangten Kompetenzen in Form von Spezialwissen können zum Erreichen des strategischen Ziels, eine Kita zum Familienzentrum zu entwickeln, einen entscheidenden Beitrag leisten. Unterstützt wird der Kompetenzentwicklungsprozess der sich verändernden Bildungsorganisation durch ein effektives Talentmanagement, welches einerseits Humanressourcen der Mitarbeiter sichert und neue externe Talente anzieht (vgl. Bödeker & Hübbe, 2010, S. 215). Personal- und Organisationsentwicklung gehören zum strategischen Bildungsmanagement.

Operatives Bildungsmanagement

Nach Bleicher (2011), ist operatives Management eine „[...] auftragsbezogene, lenkende, gestaltende und entwickelnde Willensbildung, -durchsetzung und- sicherung in Prozessen [...]" (S. 416). Diese definitorische Eingrenzung deutet darauf hin, dass auf dieser Managementebene Umsetzungsentscheidungen hinsichtlich der Lenkung, Gestaltung und Entwicklung von konkreten Lehr- und Lernprozesse bewusst getroffen werden. Zustande kommt diese umsichtige Betrachtungsweise aus den vorangegangenen normativen und strategischen Zielen und Vorgaben, die sich im operativen Management konkretisieren. Zu den Aufgaben des operativen Bildungsmanagements gehört neben der Gestaltung der betrieblichen Bildungsarbeit auch der Ablauf der einzelnen Bildungsmaßnahme, von den Bedarfsanalysen (Bildungsbedarfsanalyse, Stadtteilanalyse), der Planung, der Durchführung, der Evaluation dieser Bildungsmaßnahmen bis hin zum

Qualitätsmanagement (vgl. Decker, 2000, S. 29, Elsholz, 2014, S. 14 ff.) (siehe Kap. 5.1). Zudem wird durch Bildungscontrolling eine Nutzen-Kosten-Abwägung der Lehr- und Lernprozesse und Kompetenzentwicklungsmaßnahmen angestrebt, mit dem Ziel einen ausgewogenen und kalkulierbaren Einsatz von (ökonomischen) Ressourcen zu bewirken (vgl. Decker, 2000, S. 29 f.).

6.2 Personalentwicklung

Es gibt eine Vielzahl an Definitionen des Begriffs. Die Meisten haben gemeinsam, dass es sich bei der Personalentwicklung um die Summe von Tätigkeiten handelt, die verschiedenste Maßnahmen umfassen, mit dem Ziel die Aneignung von Wissen und die Persönlichkeitsentwicklung der Mitarbeiter zur Erfüllung künftiger Arbeitsaufgaben zu fördern (vgl. u.a. Meifert, 2010, S. 4; Sonntag, Bausch, & Stegmaier, 2009, S. 395; Diesner, 2008, S. 48). Die systematisch geplanten Maßnahmen umfassen heterogene Methoden und Techniken, die der Wissensvermittlung oder auch der Verhaltensänderung dienen. Durch ein betriebliches Personalmanagement werden Personalentwicklungsmaßnahmen geplant, durchgeführt und evaluiert. Eine dynamische Personalentwicklung fördert zielgerichtet Veränderungsprozesse und geht damit über reguläre Weiterbildungsmaßnahmen hinaus. Für den in dieser Arbeit vorliegenden Veränderungsprozess werden folgende Methoden vorschlagen:

- Mitarbeitergespräch,
- Austausch mit anderen Familienzentren,
- Job-Rotation (Einsatz in verschiedenen Bereichen der Organisation),
- Lernen durch Lehren (bsp. Multiplikatoren),
- Empowermentstrategien (mehr Verantwortung für einen eigenen Bereich)
- Supervision
- Coaching
- Mediation
- Jobenlargement (horizontale Umstrukturierung von Mitarbeitern mit Aufgabenerweiterung auf gleichbleibenden Anforderungsniveau)
- Jobenrichment (vertikale Umstrukturierung von Mitarbeitern mit Aufgabenerweiterung mit höherem Anforderungsniveau, Bsp. Koordinatorentätigkeit im Familienzentrum)

Diese Maßnahmen eignen sich z.t. auch für Teamentwicklungsmaßnahmen. Zudem ist es nicht zwingend notwendig, dass diese Maßnahmen am Arbeitsplatz durchgeführt werden.

Eine weitere Aufgabe der Personalentwicklung ist, eine Balance zwischen individuellen Ansprüchen des Personals und institutionalisierten Anforderungen der Organisation zu erzeugen (vgl. Seufert, 2013, S. 53; Dehnbostel, 2014, S. 24). Die Interessen und Fähigkeiten der Mitarbeiter werden damit genauso anerkannt wie die Organisationsziele. Der Mensch als Humanressource, steht dadurch auch im Fokus der Betrachtung (vgl. Diesner, 2008, S. 49). Um jetzige und zukünftige Anforderungen bewältigen zu können, muss der Mitarbeiter seine Kompetenzen entfalten dürfen. Damit avanciert die Kompetenzentwicklung der Mitarbeiter zur Kernaufgabe der Personalentwicklung.

Personalentwicklung ist zudem eingebettet in planerische Aktivitäten. Aus diesem Grund wird auch häufig von einer strategischen Personalentwicklung gesprochen (vgl. Meifert, 2010). Eine strategische Personalentwicklung hat zur Aufgabe geeignete Personalentwicklungspraktiken zu etablieren, die die von der Organisation vorgegebenen normativen Leitbilder und strategischen Vorgaben berücksichtigen, mit dem Ziel die Kompetenzen der Mitarbeiter auf die künftigen Anforderungen der Bildungsorganisation hin auszurichten (vgl. Meifert, 2010, S. 15 ff.). Mit dieser Ausrichtung kann die strategische Personalentwicklung nicht nur das übergeordnete betriebliche Bildungsmanagement unterstützen, sondern auch die Zukunft der Organisation sichern.

Die Konzepte und Prozesse der Personalentwicklung stellen zunehmend einen entscheidenden Erfolgsfaktor für Organisationen dar. Durch eine professionelle Personalentwicklung, in der kompetente Fachkräfte angezogen, gebunden und gefördert werden, soll das Organisationsergebnis und damit auch die Wettbewerbsfähigkeit von Organisationen verbessert werden (vgl. Stender, 2009, S. 86).

Über der Personalentwicklung schwebt auch das Damoklesschwert in Gestalt des Bildungscontrollings. Dieses führt stellenweise dazu, dass die Budgets die für Personalentwicklungsmaßnahmen zur Verfügung stehen, und so schon im europäischen Vergleich sehr gering sind, mancherorts noch weiter gekürzt werden (vgl. Meifert, 2010, S. 9, Kabst & Wehner, 2010, S. 54). Für ein nachhaltiges strategisches Bildungsmanagement und die Zukunftssicherung der Organisation wäre es allerdings wünschenswert, wenn Ausgaben in Form von langfristigen und kontinuierlichen Investitionen in die Personalentwicklung getätigt werden würden.

6.3 Organisationsentwicklung

Eine weitere Möglichkeit zur Unterstützung des betrieblichen Bildungsmanagements bietet das Konzept der Organisationsentwicklung. Es versucht Strukturen und Prozesse ganzheitlich zu betrachten und sie im Sinne der strategischen Ziele der Organisation, sowie der Bedürfnisse der Mitarbeiter zu verändern (vgl. Pätzold/Lang, 1994, S. 45 f. zitiert nach Dehnbostel, 2014, S. 24). Zu den Zielen der Organisationsentwicklung gehören die Steigerung der Leistungsfähigkeit der Organisation und die Entfaltung der Potenzen der Mitarbeiter. Diese Zielsetzungen gehen damit im Wesentlichen konform mit den Zielsetzungen der Personalentwicklung. Zudem bedienen sich beide Konzepte ähnlicher Diagnose- und Interventionsmaßnahmen. Der Unterschied besteht allerdings darin, dass nicht nur individuelle Lernprozesse, die auf Gruppen- und Organisationsebene stattfinden, als wichtig erachtet werden (vgl. Diesner, 2008, S. 54 f.).

Kurt Lewin hat mit seiner Aktionsforschung maßgeblich den Grundstein für die Humanisierung der Arbeit gelegt und gilt aus diesem Grund als Begründer der Organisationsentwicklung (vgl. Ebner & Lang-von Wings, 2009, S. 374 f.). Organisationsentwicklung ist als eine Veränderungsstrategie zu betrachten, die grundsätzlich alle Mitarbeiter und Ebenen der Organisation mit einbezieht. Zusätzlich befindet sich die Organisation dabei in einem regelmäßigen Austausch mit der Umwelt und den dazu gehörenden relevanten Anspruchsgruppen. Nur eine solche Veränderungsstrategie, die sowohl den Menschen als auch die gesamte Organisation und das Umfeld betrachtet, kann zum gewünschten Erfolg führen (vgl. Ebner & Lang-von Wings, 2009, S. 380). Dabei bedient sich die Organisationsentwicklung verschiedener Methoden, die allesamt so ausgerichtet sind, dass sie die Teilhabe, Mitbestimmung und Mitverantwortung der Mitarbeiter fördern. Durch eine transparente Kommunikation und Mitwirkung werden Widerstände reduziert. Dies führt gleichzeitig zu einem höheren Commitment gegenüber den Veränderungsbestrebungen (vgl. Ebner & Lang-von Wings, 2009, S. 376 ff.) Das Management sieht sich währenddessen in der Rolle eines unterstützenden Moderators. Es kann ratsam sein eine Begleitung durch externe Experten einzusetzen, da das Aufgreifen von Widerständen besser gelingen kann, als dem involvierten Management. Das Konzept der „Lernenden Organisation", als Teil der Organisationsentwicklung soll hier kurz erwähnt werden, da es versucht eine ganze Organisation auf kontinuierliche Veränderungen hin auszurichten (vgl. Diesner, 2008, S. 54 f.). Dadurch wird eine wünschenswerte Atmosphäre geschaffen in der sich die gesamte Organisation und die Mitarbeiter kontinuierlich auf dynamische Veränderungs- und Lernprozesse einstellen können.

7. Kompetenzentwicklung und Reflexivität im Lernort „Familienzentrum"

Ziel der vorangegangenen Bemühungen des Bildungsmanagementprozesses ist es, eine Kompetenzentwicklung zu ermöglichen, die letztendlich in einer umfassenden beruflichen Handlungskompetenz oder einer reflexiven Handlungsfähigkeit mündet. Die sehr spezifischen Anforderungen an pädagogische Fachkräfte, die in Familienzentren tätig sind, rufen eine intensive Auseinandersetzung mit dem Kompetenz- und Qualifikationsbegriff hervor. Kompetenzen beschreiben, analysieren und erklären die individuellen Potentiale (vgl. Schiersmann, 2007, S. 50). Zudem „[...] umfassen [sie] Fähigkeiten, Kenntnisse, Fertigkeiten, Einstellungen und Werte, deren Erwerb, Entwicklung und Verwendung sich auf die gesamte Lebenszeit eines Menschen bezieht." (Dehnbostel, 2010, S. 16). Damit unterscheidet sich dieser Begriff vom Qualifikationsbegriff, der eher nachfrageorientiert Wissen und Fertigkeiten im Hinblick auf ihre Nutzbarmachung klassifiziert. Der handelnde Mensch entwickelt seine Kompetenzen permanent und vor allem eigenständig, motivational weiter. Dieser Prozess setzt so *Dehnbostel* (2010) eine ständige Reflexion voraus (S. 17).

So auch im Fall der Erweiterung einer Einrichtung bzw. eines Teams zur konzeptuellen Arbeit in Familienzentren. Wie angedeutet, muss ein solcher Prozess die Haltungen und Reflexionen der Mitarbeiter in den Blick nehmen, um einen nachhaltigen Lerntransfer sicherzustellen. Es versteht sich an dieser Stelle von selbst, dass dies nur mit nachfrageorientierten und auf den Entwicklungsprozess maßgeschneiderten Bildungsmaßnahmen möglich ist. Dieses Verständnis unterstützt den Entwicklungsprozess nicht nur auf Sachebene, beispielsweise hinsichtlich der reinen Wissensdefizite oder ökonomischen Ausstattung, sondern auch auf Interaktionsebene, um die Zusammenarbeit der Mitarbeiter im Team zu verbessern. Denn es soll die Kooperationsbereitschaft im Team gefördert werden, mit dem Ziel den Arbeitsprozess zu effektiveren (vgl. Marx, 2013).

Im Folgenden werden nun das Konzept der beruflichen Handlungskompetenz und das Konzept der reflexiven Handlungsfähigkeit vertieft.

7.1 (Berufliche) Handlungskompetenz

Die Sinnhaftigkeit betrieblicher Bildungsmaßnahmen würde in Frage stehen, wenn sie nicht zum Ziel hätte, eine umfangreiche berufliche Handlungskompetenz aufzubauen. Im Kontext betrieblicher Bildung versteht sich Handlungskompetenz als die Fähigkeit, komplexe berufliche Anforderungen sowohl selbstständig, als auch in Teamarbeit auf einem hohen fachlichen Niveau erfolgreich zu lösen (vgl. Dewe, 2000, S. 223). Auch *Dehnbostel* (2010) konkretisiert den Begriff „[als] die Fähigkeit und Bereitschaft, in beruflichen Situationen fach-, personal- und sozialkompetent zu handeln und die eigene Handlungsfähigkeit in beruflicher und gesellschaftlicher Verantwortung weiterzuentwickeln" (S. 19). Daraus resultiert, dass sich eine berufliche Handlungskompetenz in den drei Dimensionen Fachkompetenz, Personalkompetenz und Sozialkompetenz entfaltet (vgl. Dehnbostel, 2014, S.18).

Im Feld der Arbeit von Fachkräften in Familienzentren kann auf den benannten Ebenen durch ein gezieltes Bildungsmanagement berufliche Handlungskompetenz gefördert werden. Unter Anderem sollte durch die intensive Auseinandersetzung mit dem Thema Familie eine persönliche und fachliche Weiterentwicklung in diesem Bereich angestrebt werden. Zudem ist in einem solch intensiven Entwicklungsprozess die Entstehung eines Wir-Gefühls auf sozialer Ebene ein positiver Nebeneffekt. Schließlich ist die Auseinandersetzung mit der eigenen Grundhaltung der Fachkräfte das A und O für eine Haltungskompetenz und eine gelingende Zusammenarbeit mit Familien. Nicht zuletzt wird in dieser Arbeit Abstand von dem kontrovers diskutierten Begriff der Eltern-Erziehungs-Partnerschaft genommen. Dieser ist durch den Begriff der Kompetenzpartnerschaft zu ersetzen. Damit soll nicht nur das Ressourcenpotential dieser Beziehung verdeutlicht und gestärkt werden. Vielmehr soll auch ein systemischer und reflektierter Blick auf das Kind und seine Familie ermöglicht werden.

Die berufliche Handlungskompetenz stellt besonders in diesem Bereich hohe Anforderungen an zukünftige Bildungsinvestitionen. Damit sind nicht nur finanzielle sondern auch zeitliche und motivationale Investitionen gemeint. Schließlich handelt es sich beim zu entwickelnden Gegenstand nicht um ein Produkt, vielmehr geht es hierbei um das Professionalisieren menschlicher Beziehungen und letztendlich der Persönlichkeitsentwicklung. Solche Lehr-/Lernprozesse sollten kontinuierlich weitergeführt werden. Hier unterstützen vor allem informelle Lernarrangements, welche sich im Prozess der Arbeit vollziehen, neben formellen Lernformen, die Entwicklung einer umfassenden beruflichen Handlungskompetenz (vgl. Schröder, 2009, S. 50).

7.2 Reflexive Handlungskompetenz

Die reflexive Handlungsfähigkeit ist als eine Erweiterung der beruflichen Handlungskompetenz zu betrachten. Sie setzt sich aus „[...] wechselseitig bedingten Faktoren einer umfassenden beruflichen Handlungskompetenz, aus Arbeits- und

Lernbedingungen und aus individuellen Dispositionen [...]" zusammen (Dehnbostel, 2010, S. 25). Im beruflichen Kontext führt diese Definition zu einer Reflexion sämtlicher Arbeits- und Aufgabenstrukturen, Handlungsabläufe und Entwicklungsprozesse, die in Beziehung eigener Erfahrungen gesetzt werden. Schon *Dewey* hat sich Anfang des letzten Jahrhunderts intensiv mit dem Begriff „Reflexivität" auseinandergesetzt. Die Gesamtheit des Lernprozesses wird so *Dehnbostel* (2013) in seiner Abfolge Handlung – Erfahrung – Reflexion deutlich, denn erst mit dem selbstständigen Hinterfragen von Problemen und den daraus entstehenden Lösungswegen manifestieren sich beim Lernenden nachhaltig Lernerfahrungen bzw. –erkenntnisse (S. 53). *Schiersmann* (2007) konkretisiert Reflexivität als „[...] die bewusste, kritische und verantwortliche Einschätzung und Bewertung von Handlungen auf der Basis von Erfahrungen und Wissen" (S. 55). In einer solchen reflexiven Auseinandersetzung, können sich eine professionelle Haltung und die Persönlichkeit von pädagogischen Fachkräften weiterentwickeln. Im Arbeitsfeld von Familienzentren wird diese professionelle Haltung nicht nur in Bezug zum Kind gesetzt. Hier geht es erweitert um die Haltung, die Familien und anderen Bezugspersonen des Kindes gegenüber gestellt wird. Sie ist wiederum geprägt durch „[...] Persönlichkeitsmerkmale, die bereits in der frühen Kindheit und in der Schule sowie auch in anderen Sozialfeldern geformt worden sind" (Dewe, 2000, S. 225). Eine vertiefte und retrospektiv biografische Reflexion eigener Einstellungen und Erfahrungen ist somit Grundvoraussetzung für eine reflexive Handlungsfähigkeit im Arbeitsfeld von Familienzentren.

Lash (1996) unterscheidet dabei zwei Formen reflexiver Handlungsfähigkeit, einerseits die strukturelle Reflexivität, die Regeln, Ressourcen und eigene Strukturen hinterfragt, und andererseits die Selbst-Reflexivität, die das Reflektieren über sich selbst und eigener Kompetenzen zum Ziel hat (S. 203 f.). Damit geht die reflexive Handlungsfähigkeit über die berufliche Handlungskompetenz hinaus. Dennoch sind beide Konzepte als Zielstellungen für die betriebliche Bildung essentiell und notwendig, da sie in ähnlicher Weise einen entscheidenden Beitrag für das betriebliche Bildungsmanagement leisten können.

8. Lernen im Prozess – Von der Kita zum Familienzentrum / didaktische Überlegungen

8.1 Neue Wege des Lernens in der Arbeit

Es werden im vorliegenden Veränderungsprozess nicht nur Haltungen, Wünsche, Erwartungen, Anregungen, Meinungen und Erfahrungen, die letztendlich der Zielerreichung dienen, eruiert und offen kommuniziert. Es wird vielmehr ein betriebliches Lernen initiiert, welches formelles Lernen und, nach konstruktivistischen Vorbild, informelles Lernen einschließt, mit dem Ziel eine berufliche Handlungskompetenz bzw. eine reflexive Handlungsfähigkeit zu konstituieren.

„Lernprozesse werden nach der [konstruktivistischen Lerntheorie] dann am effizientesten vollzogen, wenn sich die Lernenden aktiv und selbstgesteuert mit authentischen Arbeitsaufgaben und Situationsanforderungen handelnd auseinandersetzen und darüber reflektieren" (Schröder, 2009, S. 48). Eine hohe Bedeutung kommt aus diesem Grund dem informellen Lernen zu, welches durch intendierte, erfahrungsbezogene Lernprozesse gekennzeichnet ist. Lernen findet hier beiläufig und ungeplant statt. Lerneffekte und Kompetenzzuwächse ergeben sich dabei durch neue Erfahrungen und die Reflexion von Problemlösungen. Formelles Lernen hingegen findet in einem organisierten Rahmen statt, in dem Lerninhalte und Lernziele genau geplant und vorstrukturiert sind, wie beispielsweise bei Seminaren, externe Workshops, Lehrgängen (vgl. Schröder, 2009, S. 51). Es wird heute dem Erfahrungslernen und dem informellen Lernen in der Arbeit eine weitaus höhere Bedeutung zugesprochen als dem formellen Lernen. Dies liegt vor allem daran, dass sie in der Lage sind, Lernen und Arbeiten optimal zu verbinden und einen authentischen Bezug zum Arbeitsplatz zu schaffen. Zudem werden geringere Kosten verursacht und dadurch wird auch soziale Selektion eingedämmt (vgl. Dehnbostel, & Elsholz, 2007, S. 44). Um diese positiven Effekte gewährleisten zu können, muss allerdings sichergestellt werden, dass diese Lernprozesse nicht willkürlich stattfinden. Die Kunst liegt nun darin, neue arbeitsbezogene Bildungsmaßnahmen so zu strukturieren, dass formelle Lernarrangements mit den Erfordernissen des informellen und Erfahrungslernens zusammengebracht werden (vgl. Dehnbostel, & Elsholz, 2007, S. 44). Wie dies gelingen kann, wird im Folgenden dargestellt.

8.2 Arbeitsbezogene Lernmodelle

Der Stellenwert von Lernen in der Arbeit hat schon eine lange Tradition. Diese reicht bis ins Mittelalter zurück, als der damalige Zögling seine Lehre im Beisein eines Meisters absolvierte. Nach verschiedenen epochalen Entwicklungsschritten und gesellschaftlichen Veränderungen wird der Lernort „Arbeits(-Platz)" wieder neu entdeckt. So sind unter dem Begriff „arbeitsbezogenen Lernens"[12] betriebliche, außerbetriebliche und schulische Konzepte zu verstehen, die alle auf das Lernen in der Arbeit ausgerichtet sind (vgl. Dehnbostel, 2014, S. 30). Es soll damit sichergestellt werden, dass der authentische Bezug zur Arbeitswelt durch arbeitsbezogene Lernformen fortwährend gewährleistet wird. Ziel dieser Lernform ist die Etablierung einer im heutigen Sinne umfangreichen beruflichen Handlungskompetenz. Durch diese wird die Voraussetzung geschaffen, in arbeitsbezogenen Kontexten, komplexe Arbeitsanforderungen zu meistern, Kommunikations- und Kooperationsanforderungen zu bewältigen und erweiterte Mitgestaltung- und Partizipationsspielräume zu nutzen. Zur Vermeidung trägem Wissens integrieren die Modelle des arbeitsbezogenen Lernens pädagogische Interventionen, die in Lern- und Trainingsumgebungen stattfinden, sich an Arbeitsanforderungen orientieren und systematisch gestaltet werden (vgl. Sonntag & Stegmaier, 2007, S. 20). Arbeitsbezogenes Lernen wird nach dem Verhältnis von Lernort und Arbeitsort in die folgenden drei Varianten unterschieden:

Varianten des arbeitsbezogenen Lernens	Verhältnis Lernort zu Arbeitsort
Arbeitsgebundenes Lernen	Lernen und Arbeitsort sind identisch, lernen findet am Arbeitsplatz statt (Bsp. Lernen on the Job, Lerninseln)
Arbeitsverbundenes Lernen	Lernort und Arbeitsplatz sind getrennt, allerdings räumlich und organisatorisch verbunden. (Bsp. Qualitätszirkel, Lernstätten)
Arbeitsorientiertes Lernen	Lernen findet an zentralen Orten statt, die der Arbeitsrealität möglichst ähneln wie Bildungszentren. (Bsp. Übungsfirmen)

Abbildung 4: Arbeitsbezogene Lernformen nach dem Verhältnis zum Arbeitsort (Dehnbostel, 2008, S. 63; ebd., 2007, S. 45; ebd., 2014, S. 30)

---

12 Es gibt auch selbstgesteuertes und arbeitsprozessorientiertes Lernen, sowie Situiertes und Erfahrungslernen (vgl. Dehnbostel, 2014, S. 29 ff.).

Zudem lassen sich lernorganisatorisch folgende fünf Modelle arbeitsbezogenen Lernens mit ihren unterschiedlichen Lernformen unterscheiden (Dehnbostel, 2008, S. 63 f.; ebd., 2007, S. 45 f.; ebd., 2014, S. 30 f.):

1. Arbeitsgebundenes Lernen durch Arbeitshandeln im realen Arbeitsprozess – Dazu gehören mitunter die traditionelle Beistelllehre, Anpassungsqualifizierungen, Lernen in der Arbeit und Communities of Practice.
2. Arbeitsgebundenes Lernen durch Instruktion bzw. systematische Unterweisung am Arbeitsplatz – Gemeint sind hier verschiedene Unterweisungs- und Anlernformen bzw. Cognitive Apprenticeship.
3. Arbeitsgebundenes oder –verbundenes Lernen durch Integration von informellen und formellen Lernen – Wie beispielsweise Qualitätszirkel, Lernstatt, Lerninsel, Arbeits- und Lernaufgaben bzw. Structured Learning on the Job.
4. Arbeitsgebundenes oder –verbundenes Lernen durch Hospitationen sowie durch Erkundungen – Mittels betrieblicher Praktika, Job Rotation, Benchmarking.
5. Arbeitsorientiertes Lernen durch Simulation von Arbeitsprozessen – Zu diesen gehören Produktionsschulen, Lernbüros oder auftragsorientiertes Arbeiten in Bildungszentren.

Insgesamt lässt sich konstatieren, dass diese Vielfalt an arbeitsbezogenen Lernformen gegenüber Lernformen, die nicht unter diesen Realbedingungen stattfinden, zu deutlich höheren Lernzuwächsen führen und damit den Erwerb einer umfassenden betrieblichen Handlungskompetenz maßgeblich fördern (vgl. Schape, S. 20). Aus diesem Grund sind arbeitsbezogene Lernformen für betriebliche Veränderungsprozesse prädestiniert. Durch sie hat das operative betriebliche Bildungsmanagement ein breites Spektrum an Weiterbildungsformen, Lernkonzepten und –Theorien zur Verfügung, um didaktisch-methodisch auf die verschiedensten Erfordernisse des vorliegenden Veränderungsprozesses zu reagieren. Es leistet somit einen entscheidenden Beitrag für die Lehr- und Lernprozesse pädagogischer Fachkräfte in Familienzentren.

8.3 Überblick über verbindende Lernformen

Einen weiteren fundierten Überblick liefert *Reuther* (2007). Sie ging der Frage nach, in welchen Lernformen sich Mitarbeiter und Führungskräfte auf verschiedenen Ebenen mit den Anforderungen im täglichen Arbeitsprozess auseinandersetzen (S. 121 ff.). Aus verschiedenen Dimensionen von Lernformen wurden die

Dimensionen „Arbeitsbezug" und „Lerngestaltung" herausgefiltert. Von diesen beiden wurde angenommen, dass sie am ehesten die Lernformen erfassen, die eine Relevanz für betriebliche Lehr- und Lernprozesse aufweisen. Während der Arbeitsbezug mit den Begriffen Arbeitsimmanent, Arbeitsgebunden und Arbeitsbezogen hergestellt wurde, konnte die Lerngestaltung mit den Instrumenten des individuellen Lernens, des angeleiteten Lernens und des kooperativen Lernens sichergestellt werden (vgl. Jäkel u.a. zitiert nach Reuther, 2006, S. 123 ff.):

		Gestaltung des Lernens		
		individuelles Lernen	**angeleitetes Lernen**	**cooperatives Lernen**
Arbeitsbezug des Lernens	**arbeitsimmanent** (Inhalte des Lernens entsprechen den Inhalten des Arbeitsprozesses)	Learning by Doing; Arbeitsanweisungen, Checklisten, Leitfäden; Zugriff auf das Internet	Unterweisung durch Vorgesetzte und Kollegen (Cognitive Apprenticechip); Job-Rotation	Projektarbeit
	arbeitsgebunden (Inhalte des Lernen werden durch den Arbeitsprozess bestimmt, Lern- und Arbeitsprozess sind jedoch nicht identisch)	Fachinformationen; Zeitschriften; interne Wissensmanagementsysteme	Coaching; interne Schulungen und Trainings; Mentorin; Arbeits- und Lernaufgaben	interne Workshops; Qualitätszirkel; Lerninseln; Netzwerke; Falldiskussionen; Kompetenzteam
	arbeitsbezogen (Inhalte des Lernens werden nicht durch den Arbeitsprozess bestimmt, stehen aber im Zusammenhang mit diesem)	Besuch von Fachmessen und Kongressen; Lernen mit Multimedia	externe Schulungen und Trainings inkl. Hersteller und Produktschulungen	(medial gestützter) Austausch mit Kollegen

Abbildung 5: Neun-Felder-Tafel zur Systematisierung betrieblicher Lernformen (Reuther, 2007, S. 124)[13]

---

13 Darstellung wurde ergänzt und geringfügig modifiziert.

Die Neun-Felder-Tafel erfasst ein breites Spektrum an systematisch geordneten Lernformen. Es erleichtert dem Bildungsmanagement eine passgenaue Auswahl an geeigneten Lernformen für den vorliegenden Lehr-/Lernprozess zu treffen. Darüber hinaus können Lehr-/Lernprozesse bewertet werden und Auskunft hinsichtlich der internen Lehr-/Lernkultur geben. Außerdem findet nicht nur ein reflektiertes Nachdenken über die Wahl der Lernform statt, vielmehr wird gewährleistet, dass betriebliche Lehr-/Lernprozesse auch die passenden Lernformen erhalten. Wie bereits oben erwähnt, werden die Lehr-/Lernprozesse im gesamten Bildungsmanagementprozess durch eine Vielzahl an Lernformen unterstützt. Erst durch die „[…] Kombination entfalten Lernformen ihre eigentliche Wirkung" (Jäkel u.a. zitiert nach Reuther, 2007, S. 124). Die Kombination von Lernformen sollte nicht wahllos vorgenommen werden, da sie abhängig ist vom Lernziel, dem Lernkontext und der Zielgruppe. So erfordern beispielsweise die Auseinandersetzung mit der eigenen Haltung und das Reflektieren von Widerständen, angeleitete, individuelle und kooperative, Lernformen. Letztlich sollen Lernformen so eingesetzt werden, dass sie die unterschiedlichen (Lern-)Bedürfnisse der Mitarbeiter mit den betrieblichen Anforderungen in Einklang bringen.

8.4 Geeignete Lernformen

Im Folgenden werden exemplarisch einige Lernformen beschrieben, die für den in dieser Arbeit beschriebenen Bildungsmanagementprozess geeignet erscheinen.

8.4.1 Individuelles Lernen

Learning by doing (Erfahrungslernen)

Als Erfahrungslernen bezeichnet, fördert Learning by doing vor allem individuelle, informelle und selbstorganisierte Lernprozesse. Dabei verzichtet diese Lernform im Lernprozess auf jegliche institutionelle Einbindung oder Fremdsteuerung. Lernprozesse finden in Form einer praktischen Auseinandersetzung direkt im Arbeitsprozess statt (vgl. CSSA, 2015). Häufig werden in realen Problemfeldern im Austausch mit erfahrenen Kollegen Lösungswege erprobt und entwickelt. Da Learning by doing zu den am weitesten verbreiteten Lernformen zählt, und ihre positive Wirkung hinsichtlich des Lerntransfers nachgewiesen ist, sollte sie bewusst vom Bildungsmanagement in diesem Prozess aufgegriffen werden. Ein bewusstes Aufgreifen ist deshalb unabdingbar, da die Gefahr besteht, dass Lernprozesse sich unabhängig von der strategischen Bildungsplanung einfach wahllos entwickeln können. Zudem fließen beim Learning by doing verschiedene Elemente, beispielsweise des selbstgesteuerten Lernens mit Medien (z.B. Handbüchern), des Unterweisungslernens, des kooperativen Lernens mit anderen Lernformen zusammen (vgl. CSSA, 2015).

8.4.2 Angeleitetes Lernen

Arbeits- und Lernaufgaben

Für *Dehnbostel* (2014) ist hierbei entscheidend, dass Arbeiten und Lernen miteinander verbunden werden. Arbeits- und Lernaufgaben sind somit unmittelbar auf Arbeitsprozesse ausgerichtet (S. 58). Mitunter werden für diese Lernform ähnliche Rahmenbedingungen und Ressourcen, wie auch dem Arbeitsprozess, zur Verfügung gestellt. Die Wirkung und Intensität von Arbeits- und Lernaufgaben hängt maßgeblich davon ab, ob sie mit anderen neuen Lernformen, wie Projektarbeit, Gruppenarbeit, Job Rotation etc. korrespondieren. Arbeits- und Lernaufgaben sollten immer von realen betrieblichen Arbeitsprozessen und Leitzielen der Organisation ausgehen (vgl. Dehnbostel, 2007, S. 296). Mit Beginn dieser Lehr-/Lernprozesse werden Analysen durchgeführt, um beispielsweise den IST-Stand der Kompetenzausprägungen von Mitarbeitern zu erheben. Mit diesem Wissen können Arbeits- und Lernaufgaben genau definiert und begleitet werden (vgl. Dehnbostel, 2014, S. 59). Dabei wird die Begleitung durch einen, im günstigsten Fall, externen Lernprozessbegleiter gewährleistet. Er versteht sich in der Rolle eine Beraters oder Moderators, der die Mitarbeiter dazu motivieren soll, das eigene Handeln zu strukturieren und zu reflektieren. Es ist zudem hilfreich wenn Lernfortschritte und Standards in der Aufgabenstellung dokumentiert werden.

Die Begleitung durch einen externen Lernprozessbegleiter lässt Arbeits- und Lernaufgaben als eine sehr vorteilhafte Lernform für den vorliegenden Bildungsmanagementprozess erscheinen, denn durch eine solche Begleitung erhalten Mitarbeiter regelmäßig Hilfestellungen und Anregungen, in einem Setting mit einem hohen Maß an Entscheidungs- und Handlungsspielraum, und begeben sich darüber hinaus in einen Austausch- und Reflexionsprozess (vgl. Dehnbostel, 2007, S. 299).

8.4.3 Kooperatives Lernen

Falldiskussionen

Eine besonders prädestinierte kooperative Lernform bilden die sogenannten Falldiskussionen. Sie ermöglichen praxisrelevante Lernprozesse, die in der Berufswirklichkeit so nicht möglich sind (vgl. Drees, 2014, S. 123). Dabei wird meist eine typische berufliche Handlungs- und Problemsituation vorgestellt, die teils in Kleingruppen oder in Einzelarbeit analysiert wird (vgl. Drees, 2014, S. 123). So wird der Fall letztlich selbstständig bearbeitet und die Ergebnisse werden am Ende gemeinsam diskutiert und fixiert. Falldiskussionen sind für den, in dieser Arbeit beschriebenen Bildungsmanagementprozess besonders gut geeignet, da sie Probleme aus der beruflichen Praxis mit dem Ziel reflektiert, selbstständig Lösungswege zu eruieren. Dabei immer ist dabei die Anwesenheit der Führungskraft notwendig. Nicht zuletzt ist die Anwendung dieser Lernform auch ein Indikator für eine professionelle Familienarbeit. Denn sie versucht in Vorbereitung auf Gespräche ein vorschnelles Ver- und Beurteilen beobachteter Verhaltensweisen und Probleme von Kindern, Eltern und weiteren Familienangehöriger zu vermeiden, um passgenaue Unterstützungs- und Lösungswege zu finden.

9. Fazit und Ausblick

Resümierend zeigt sich, dass die sich verändernden familiären Anforderungen, die unmittelbar Auswirkungen auf die heutige Kindheit haben, maßgeblich durch die eingangs geschilderten gesellschaftlichen Trends und Strukturveränderungen beeinflusst werden. Dies wiederum liefert die Argumentation für den in dieser Untersuchung beschriebenen Veränderungsprozess. Es braucht Familienzentren als Orte einer breit angelegten Vernetzung von Akteuren im Sozialraum. Aufgrund ihrer Niedrigschwelligkeit sind Kitas besonders geeignet, sich zu solchen Zentren zu entwickeln, da sie Bildungsprozesse, Beratungsangebote und Hilfen für Familien anspruchsgruppengerecht unter einem Dach konstituieren können. Somit kann innerfamiliären Belastungen entgegengewirkt und Familien können bei der Bewältigung ihrer gegenwärtigen sowie zukünftigen Anforderungen unterstützt werden. Dadurch kann es gelingen, dass Eltern in gemeinsamer Verantwortung mit öffentlichen Organisationen die Sorge für ihre Kinder besser ausüben können (vgl. Jurczyk & Klinkhardt, 2014, S. 36). Dies lässt zugleich die Herausforderung von Kindheit heute deutlich werden: Sie wird geprägt durch familiäre und außerfamiliäre Kontexte, wobei die zuletzt genannten zunehmen. Umso wichtiger ist es, zu akzeptieren, dass familienergänzende öffentliche Angebote heute unverzichtbar zum Bestandteil einer ganzheitlichen Förderung von Kindheit und Familien gehören (vgl. Bundesministerium für Familie, 2013, S. 14). Dennoch zu schlussfolgern, dass durch diese Entwicklungen die Familie immer unwichtiger werde, ist ein eklatanter Fehlschluss (vgl. Bundesministerium für Familie, 2013, S. 100). Gerade aus der Perspektive der Kinder selbst zeigt sich die herausragende Bedeutung von Familie. Aus diesem Grund leitet sich die Notwendigkeit „Kitas zu Familienzentren zu entwickeln", aus den enormen Unterstützungs-potentialen und dem Gewinn ab, den ein derartiges Veränderungsvorhaben, bei der Bewältigung von familiären Herausforderungen, bewirken kann.

Es konnte im Verlauf dieser Arbeit herausgestellt werden, dass ein solcher Prozess am ehesten durch einen Bildungsmanagementprozess begleitet und weiterentwickelt werden kann. Er richtet sich vor allem an das Management von sozio-technischen Organisationen und bedient sich dabei verschiedener Theorien und Modelle. So konnte beispielsweise herausgestellt werden, dass das hinzugezogene St. Galler Managementmodell in der Lage ist, Führungskräften einen differenzierten Überblick über die Organisation als komplexes System zu vermitteln. Es trägt dazu bei, dass Führungskräfte ihre Entscheidungsfindung reflektieren, strukturieren und ein umfassendes Verständnis hinsichtlich strategischer Vorhaben gewinnen.

Weiterhin konnte durch ein logisch aufgebautes Change-Management dargelegt werden, dass die Planung, Durchführung und Evaluation als Prozessabfolge zu verstehen ist. Vor allem durch die hier hingezogenen Diagnose- bzw. Analyseverfahren können Ziele präzisiert werden auf denen der gesamte Veränderungsprozess fußt. Aufgrund dessen können betriebliche Lehr-/Lernprozesse konkretisiert und strategisch ausgerichtet werden. Eingebettet in das SGMM wird dieser Prozess mehrdimensional betrachtet d.h. er tangiert verschiedene Sinnhorizonte, Gestaltungsebenen sowie unterschiedliche Entwicklungsmodi (vgl. Seufert, 2013, S. 23). Zudem ist Change-Management und Führung in der Lage den größtmöglichen Lerntransfergewinn mit einer optimalen Ressourcennutzung zu erzielen. Die in diesem Prozess erlangten Kompetenzen in Form von Spezialwissen können zum Erreichen des strategischen Ziels einen entscheidenden Beitrag leisten.

Ein betriebliches Bildungsmanagement wird durch eine am Human-Ressource-Development hin ausgerichtete Personal- bzw. Organisationsentwicklung zusätzlich unterstützt. Dabei spielen die Einbeziehung des einzelnen Mitarbeiters, sowie die Bedarfe von Team und Organisation eine ausschlaggebende Rolle.

Die sich bedingenden Konzepte der Handlungskompetenz und der reflexiven Handlungsfähigkeit zeigen, wie wichtig die Auseinandersetzung mit der eigenen Grundhaltung der Fachkräfte ist. Der Begriff „Kompetenz-partnerschaft" verdeutlicht zudem das Ressourcenpotential und stärkt die Beziehung zwischen Familien und Pädagogen. Dadurch kann ein systemischer und reflektierter Blick auf das Kind und das System „Familie" hergestellt werden. Der Bildungsmanagementprozess trägt zudem dazu bei, dass er sich einer Vielzahl an arbeitsbezogenen Lernformen, verschiedenen Lernkonzepten und Techniken bedient. Diese sollten in der Lage sein, Lernen und Arbeiten miteinander zu verbinden und sie führen zu deutlich höheren Lernzuwächsen, um den nachhaltigen Erwerb einer umfassenden Handlungskompetenz zu ermöglichen (vgl. Schape, S. 20).

Der Erkenntnisgewinn dieser Arbeit ist, dass ein Bildungsmanagementprozess sehr wohl in Lage sein kann, eine Kita zu einem Familienzentrum zu entwickeln. Auf den Punkt gebracht trägt er dazu bei, die Komplexität eines solchen Veränderungsvorhabens aufzunehmen und zu strukturieren. Er bereichert durch den Einsatz vielfältiger Theorien, Konzepten und Methoden, die das Management bzw. Führung optimieren und unterstützen. Durch die Verknüpfung von theoretischen Modellen mit praktischen Anforderungen kann ein solches Vorhaben gelingen. Letztendlich wird die Wichtigkeit des Arbeitsthemas dadurch verdeutlicht, dass am Ende eines derartigen Prozesses nicht nur ein Produkt steht, sondern der gesamte Mensch, mit seinen Eigenschaften, Fähigkeiten und Kompetenzen, ob Mitarbeiter, Eltern und Kinder.

10. Literaturverzeichnis

Aeppli, J., Gasser, L., Gutzwiller, E. & Tettenborn, A. (2011). Empirisches wissenschaaftliches Arbeiten. Ein Studienbuch für die Bildungswissenschaften. Bad Heilbrunn: Klinkhardt.

Arbeitsgemeinschaft Betriebliche Weiterbildungsforschung e.V. (2007). Kompetenzentwicklung 2006: Das Forschungs- und Entwicklungsprogramm "Lernkultur Kompetenzentwicklung" Ergebnisse - Erfahrungen - Einsichten. Münster: Waxman.

Birker, K. (1997). http://www.ibim.de. (D. H. Zell, Herausgeber) Abgerufen am 13. Oktober 2015 von http://www.ibim.de/management/1-2.htm

Bleicher, K. (2001). Das Konzept integrieertes Management. Frankfurt am Main: Campus Verlag.

Bleicher, K. (2011). Das Konzept integriertes Management. Frankfurt am Main: Campus Verlag.

Bödeker, N., & Hübbe, E. (2010). Talentmanagement in: Meifert, M. (Hrsg.): Strategische Personalentwicklung. Heidelberg: Springer-Verlag, S. 215 - 244.

Böttcher, W., & Merchel, J. (2010). Einführung in das Bildungs- und Sozialmanagement. Opladen: Verlag Babara Budrich.

Böttcher, W., Holtappels, H. G., & Brohm, W. (2006). Evaluation im Bildungswesen: Eine Einführung in Grundlagen und Praxisbeispiele. Weinheim: Juventa.

Bourdieu, P. (1982). Die feinen Unterschiede. Frankfurt am Main: Suhrkamp Verlag.

Büchner, P. (2006). Der Bildungsort Familie - Grundlagen und Theoriebezüge in: Büchner, P. & Brake, A. (Hrsg.): Bildungsort Familie. Wiesbaden: VS Verlag für Sozialwissenschaften, S. 21 - 48

Bundesministerium der Justiz. www.gesetze-im-internet.de. Abgerufen am 09. September 2015 von www.gesetze-im-internet.de: http://www.gesetze-im-internet.de/sgb_8/__16.html

Bundesministerium für Familie, S. F. (2013). 14. Kinder- und Jugendbericht. Berlin: Deutscher Bundestag.

Bundesverband der Familienzentren e.V. (13. Mai 2015). www.bundesverband-familienzentren.de. Abgerufen am 21. Mai 2015 von http://www.bundesverband-familienzentren.de/?p=1200

Bundeszentrale für politische Bildung. (09. September 2007). www.bpb.de. Abgerufen am 21. Mai 2015 von http://www.bpb.de/apuz/30290/familie-als-herstellungsleistung-in-zeiten-der-entgrenzung?p=all

CSSA. (2015). www.cssa-wiesbaden.de. (Chemie-Stiftung-Sozialpartner-Akademie, Hrsg.) Abgerufen am 13. Oktober 2015 von http://www.cssa-wiesbaden.de/erfahrungslernen.html

Decker, F. (2000). Bildungsmanagement. Würzburg: Lexika Verlag.

Dedering, H. & Feig, G. (1993). Personalplanung und Weiterbildung im Betrieb. Wiesbaden: Deutscher Universitäts-Verlag.

Dehnbostel, P. (2007). Lernen im Prozess der Arbeit. Münster: Waxmann Verlag.

Dehnbostel, P. (2008). Berufliche Weiterbildung. Grundlagen aus arbeitnehmerorientierter Sicht. Berlin: Ed. Sigma.

Dehnbostel, P. (2010). Betriebliche Bildungsarbeit. Kompetenzbasierte Aus- und Weiterbildung im Betrieb. Hohengehren: Schneider Verlag.

Dehnbostel, P. (2013). Reflexive Handlungsfähigkeit im Kontext moderner Beruflichkeit in: Cendon, E.; Grassl, R. & Pellert, A. (Hrsg.): Vom Lehren zum Lebenslangen Lernen. Münster: Waxmann Verlag, S. 49 - 62.

Dehnbostel, P. (Mai 2014). Betriebliches Bildungsmanagement. https://www.uni-oldenburg.de/ (Carl von Ossietzky Universität Oldenburg, Hrsg.) Abgerufen am 15. Mai 2015 von: http://www.mba.uni-oldenburg.de/downloads/leseproben/bildungsmanagement_-_studienmaterial_leseprobe_betriebliches_bildungsmanagement_dehnbostel.pdf

Dehnbostel, P. (2014). Lernen im Arbeitsprozess/informelles Lernen. Hagen: FernUniversität Hagen.

Dehnpostel, P. & Elsholz, U. (2007). Lern- und kompetenzförderliche Arbeitsgestaltung in: Dehnpostel, P.; Elsholz, U. & Gillen, J. (Hrsg.): Kompetenzerwerb in der Arbeit. Berlin: Edition Sigma, S. 35 - 48.

Dewe, B. (2000). Betriebspädagogik und berufliche Weiterbildung. Wissenschaft-Forschung-Reflexion. Bad Heilbrunn: Klinkhardt.

Die Zeit. (28. Mai 2015). Heimvorteil. Die Zeit, S. 33-34.

Diesner, I. (2008). Bildungsmanagement in Unternehmen. Wiesbaden: GWV Fachverlage GmbH.

Doppler, K. (2009). Change Management in: Gessler, M. (Hrsg.): Handlungsfelder des Bildungsmanagements. Münster: Waxmann Verlag, S. 431 - 460.

Drees, G. (2014). Lernen und Lernprobleme in der beruflichen Bildung. Hagen: FernUniversität.

Ebner, K., & Lang-von Wings, T. (2009). Organisationsentwicklung in: Henninger, M. & Mandl, H. (Hrsg.): Handbuch Medien- und Bildungsmanagement. Weinheim und Basel: Beltz Verlag, S. 372 - 386.

Eggers, U. (2014). Kinder- und Familienzentren als Thema einer kompetenzorientiertn Erzieher/innen Ausbildung in: Schlevogt, V. (Hrsg.): Wege zum Kinder- und Familienzentrum. Ein Praxisbuch. Berlin: Cornelsen Verlag, S. 175 - 184.

Elsholz, U. (2014). Betriebliches Bildungsmanagement. Hagen: FernUniversität in Hagen.

Elsholz, U. (2014). Der Kompetenzentwicklungsdiskurs in der beruflichen Bildung. Hagen: FernUniversität in Hagen.

Fialka, V. (2011). Handbuch Bildungs- und Sozialmanagement in Kita und Kindergarten. Freiburg im Breisgau: Verlag Herder.

Freiling, J., & Wessels, J. (2009). Entrepreneurship in: Gessler, M. (Hrsg.): Handlungsfelder des Bildungsmanagements. Münster: Waxmann Verlag, S. 407 - 430.

Gessler, M. (2009). Strukturmodell der Handlungsfelder in: Gessler, M. (Hrsg.): Handlungsfelder des Bildungsmanagements. Münster: Waxmann Verlag, S. 13 – 38.

Hebenstreit-Müller, S. (2008). Early Excellence: Modell einer Integration von Praxis-Forschung-Ausbildung in: Rietmann, S. & Hensen, G. (Hrsg.): Tagesbetreuung im Wandel. Wiesbaden: VS Verlag für Sozialwissenschaften, S. 237 - 250.

Jurczyk, K. & Klinkhardt, J. (2014). Vater, Mutter, Kind? - Acht Trends in Familien, die Politik heute kennen sollte. Gütersloh: Verlag Bertelsmann Stiftung.

Jütte, W. (2004). Qualitätsmanagement und betriebliche Weiterbildung in: Gonon, P. & Stolz, S. (Hrsg.): Betriebliche Weiterbildung. Bern: h.e.p. Verlag, S. 229 - 246.

Kabst, R. & Wehner, M. (2010). Institutionalisierung der Personalentwicklung - Ist der Patient auf dem Weg der Besserung? in: Meifert, M. (Hrsg.): Strategische Personalentwicklung. Heidelberg: Springer Verlag, S. 45 - 62.

Klein, E. (2014). Sozialraumerkundungen mit Kindern und Eltern in: Schlevogt, V. (Hrsg.): Wege zum Kinder- und Familienzentrum. Ein Praxisbuch. Berlin: Cornelsen Verlag, S. 70 - 76.

Kramlinger, K. (2000). Gegenstands- und Begriffsdefinitionen der Familienpsychologie in: Werneck, H. & Rohrer-Werneck, S. (Hrsg.): Psychologie der Familie: Theorien, Konzepte, Anwendungen). Wien: WUV Universitätsverlag, S. 8 - 16.

Lash, S. (1996). Reflexivität und ihre Dopplung. Struktur, Ästhetik und Gemeinschaft. Frankfurt am Main: Suhrkamp Verlag.

Lau, V. (2007). Grundlagen der Personalentwicklung. Münschen und Mering: Rainer Hampp Verlag.

Litke, H. (2007). Projektmanagement. Methoden, Techniken, Verhaltensweisen. München: Carl Hanser Verlag.

Marburger, H. & Griese, C. (2011). Bildungsmanagement: Ein Lehrbuch. München: Oldenbourg Wissenschaftsverlag.

Marx, S. (2013). www.entwicklungsraeume.de. Abgerufen am 20. Juni 2015 von http://entwicklungsraeume.de/teamentwicklung_definition.html

Meifert, M. (2010). Was ist strategisch an der strategischen Personalentwicklung? in: Meifert, M. (Hrsg.): Strategische Personalentwicklung. Heidelberg: Springer Verlag, S. 3 - 28.

Müller, U. (2009). Bildungsmanagement - Ein orientierender Einblick in: Gessler, M. (Hrsg.): Handlungsfelder des Bildungsmanagements. Münster: Waxmann Verlag, S. 67 - 90.

Müller, U. & Soland, M. (2009). Transfermanagement und Evaluation in: Gessler, M. (Hrsg.): Handlungsfelder des Bildungsmanagements. Münster: Waxmann Verlag, S. 249 - 278.

Pieler, D. (2001). Neue Wege zur lernenden Organisation. Bildungsmanagement - Wissensmanagement - Change Management - Culture Management. Wiesbaden: Betriebswirtschaftlicher Verlag Dr. Th. Gabler GmbH.

Reuther, U. (2006). Der Programmbereich: Lernen im Prozess der Arbeit in: Aulerich, G. (Hrsg.): Kompetenzentwicklung 2006. Münster: Waxmann Verlag, S. 87 - 152.

Rüegg-Stürm, J. (2002). Das neue St. Galler Management-Modell. Bern, Stuttgart, Wien: Haupt Verlag.

Rüegg-Stürm, J. & Grand, S. (2014). Das St. Galler Management-Modell: 4. Generation - Einführung. Bern, Stuttgart, Wien: Haupt Verlag.

Schape, N. Erwerb von Fach-, Methoden- und Sozialkompetenz durch arbeitsbezogenes Lernen in der betrieblichen Ausbildung. www.uni-paderborn.de. (Uni Paderborn, Hrsg.) Abgerufen am 11. Juni 2015 von http://groups.uni-paderborn.de/psychologie/scha-Arbeitsbezogenes-Lernen.pdf

Schier, M. & Jurczyk, K. (09. August 2007). http://www.bpb.de/. (B. f. Bildung, Herausgeber) Abgerufen am 10. Juni 2015 von http://www.bpb.de/apuz/30290/familie-als-herstellungsleistung-in-zeiten-der-entgrenzung?p=all

Schiersmann, C. (2007). Berufliche Weiterbildung. Wiesbaden: VS Verlag für Sozialwissenschaften.

Schiersmann, C. (2008). http://reichsbund-freier-schwestern.de (Reichsbund-freier-schwester, Hrsg.) Abgerufen am 02. Juni 2015 von http://reichsbund-freier-schwestern.de/downloads/MethodenderBildungsbedarfsanalysefr Lernfrderer_ger.pdf

Schlevogt, V. (2014). Kinder- und Familienzentren in Deutschland - Konzepte und Modelle in: Schlevogt, V. (Hrsg.): Wege zum Kinder- und Familienzentrum. Ein Praxisbuch. Berlin: Cornelsen Verlag, S. 11 - 23.

Schlevogt, V. (2014). Sozialraumorientierung und Bedarfsermittlung in Kinder- und Familienzentren in: Schlevogt V. (Hrsg.): Wege zum Kinder- und Familienzentrum. Ein Praxisbuch. Berlin: Cornelsen Verlag, S. 63 - 69.

Schönwald, I., Euler, D., Angehrn, A., & Seufert, S. (2006). EduChallenge Learning Scenarios (scil Arbeitsbericht 8). St. Gallen: Institut für Wirtschaftspädagogik.

Schröder, T. (2009). Arbeits- und Lernaufgaben für die Weiterbildung. Eine Lernform für das Lernen im Prozess der Arbeit. Bielefeld: Bertelsmann Verlag.

Seufert, S. (2013). Bildungsmanagement - Einführung für Studium und Praxis. Stuttgart: Schäffer-Poeschel Verlag.

Simon, W. (2008). Managementtechniken. Offenbach: Gabal Verlag.

Sonntag, K., & Stegmaier, R. (2007). Arbeitsorientiertes Lernen: Integration von Arbeit und Lernen in: Heuer, H.; Rösler, F. & Tack, W. (Hrsg.): Arbeitsorientiertes Lernen: Zur Psychologie der Interation von Lernen und Arbeit. Stuttgart: Kohlhammer, S. 15 - 20.

Sonntag, K., Bausch, S., & Stegmaier, R. (2009). Personalauswahl und Personalentwicklung in: Henninger M. (Hrsg.): Handbuch Medien- und Bildungsmanagement. Weinheim und Basel: Beltz Verlag, S. 387 - 404.

Stender, J. (2009). Betriebliches Bildungsmanagement. Stuttgart: Hirzel Verlag.

Stöbe-Blossey, S. (2010). Zum Funktionswandel von Kindertageseinrichtungen - Das Beispiel "Familienzentrum" in: Stöbe-Blossey, S. (Hrsg.): Kindertagesbetreuung im Wandel. Wiesbaden: VS Verlag für Sozialwissenschaften, S. 95 - 120.

Zukunftsinstitut. (2015). https://www.zukunftsinstitut.de (Zukunftsinstitut, Hrsg.) Abgerufen am 05. November 2015 von: https://www.zukunftsinstitut.de/dossier/megatrends/